100 % KOPENHAGEN

SPAZIERGANG 1: ZENTRUM
Durch das historische Herz der Stadt mit seinen prachtvollen Gebäuden und schönen Plätzen verläuft die Strøget, Europas längste und älteste autofreie Einkaufsstraße. Gehen Sie auf die Suche nach dänischen Top-Designern, und legen Sie dann auf einer der vielen Terrassen eine Pause ein.

SPAZIERGANG 2: FREDERIKSSTADT & DIE KLEINE MEERJUNGFRAU
Nördlich des Zentrums liegt das königliche Kopenhagen mit den Schlössern Amalienborg und Rosenborg. Hier gibt es viele Sehenswürdigkeiten und das absolute Highlight Kopenhagens: die kleine Meerjungfrau, die von ihrem Felsen auf das Wasser blickt.

SPAZIERGANG 3: SLOTSHOLMEN & CHRISTIANSHAVN
In dem alten Zentrum Kopenhagens, Slotsholmen, wird heute über Politik und Wirtschaft entschieden. Doch hier sind auch viele Museen zu Hause. In Christianshavn kann man wunderbar durch die alternative Freistadt Christiania schlendern, die von ehemaligen Hausbesetzern gegründet wurde.

SPAZIERGANG 4: ØSTERBRO & NØRREBRO
Østerbro ist ein Viertel mit prächtigen Wohnhäusern und breiten Straßen, mit schönen Geschäften und netten Restaurants. Entlang der Seen kann man prima spazieren gehen. Nørrebro ist multikulturell, mit vielen originellen Shops. Absolut sehenswert: der Friedhof Assistens Kirkegård.

SPAZIERGANG 5: FREDERIKSBERG & VESTERBRO
Frederiksberg ist voller schicker Villen, ausgefallener Geschäfte und guter Restaurants. Man kann im großen Park picknicken und die alte Carlsberg-Bierbrauerei besuchen. Vesterbro ist ein ehemaliges Arbeiterviertel, in dem sich inzwischen viele Designer, Künstler und tolle Bars angesiedelt haben.

SPAZIERGANG 6: MALMÖ
Gegenüber Øresund liegt Malmö. Diese schwedische Stadt hat in Sachen Shopping und Essen eine Menge zu bieten. Außerdem gibt es viele Sehenswürdigkeiten wie das Malmöhus und die alten Fischerhütten Fiskehoddorna. Lohnenswert: ein Bummel durch die Gamla Väster und Västra Hamnen.

100 % KOPENHAGEN

In Kopenhagen gibt es so viel zu entdecken – doch wo fängt man an? Shopaholics können hier tagelang durch die Geschäfte voller Mode, Design und Wohnaccessoires ziehen, zum Beispiel im Latiner Kvarteret oder in der Strøget. Bevorzugen Sie moderne Architektur und sanierte alte Gebäude? Dann dürfen Sie Holmen und Christianshavn nicht verpassen. Und wer einmal in Christiania war, der weiß, dass Kopenhagen viel mehr zu bieten hat als tolle Shops und ein schönes Zentrum. Lust auf Party? Dann auf zu einem Festival am Amager Strand oder in Halvandet. Wer es etwas ruhiger mag, der kann in Nyhavn den dänischen Sommer genießen. Der 100 % Cityguide zeigt Ihnen, was Sie auf keinen Fall verpassen sollten. Sightseeing & Shopping, Ausgehen & Abenteuer – die übersichtlichen Stadtpläne weisen Ihnen den Weg.

AUF 6 SPAZIERGÄNGEN 100 % KOPENHAGEN ERLEBEN!

Inhalt

100 % übersichtlich

Entdecken Sie 100 % Kopenhagen auf fünf Spaziergängen sowie Malmö auf einer weiteren Tour. Jedes Kapitel im 100 % Cityguide ist einem Spaziergang gewidmet. Am Kapitelende gibt es eine Karte mit der Kurzbeschreibung des Spaziergangs. Auf der Karte in der vorderen Umschlagklappe sehen Sie die sechs Kartenausschnitte im Überblick. Dort finden Sie anhand der Buchstaben Ⓐ bis Ⓩ alle Hotels sowie die Sehenswürdigkeiten und Ausgehtipps, die nicht auf einem der Spaziergänge liegen.

In den sechs Kapiteln beschreiben wir ausführlich, welche Sehenswürdigkeiten Sie auf den Spaziergängen entdecken können und wo man gut essen, trinken, shoppen, feiern und relaxen kann. Alle Adressen sind mit einer Nummer gekennzeichnet, die Sie im Stadtteilplan am Ende des Kapitels wiederfinden. An der Farbgebung der Nummer können Sie erkennen, zu welcher Kategorie die jeweilige Adresse gehört:

🟢 Sehenswürdigkeiten		🔵 Shoppen
🟠 Essen & Trinken		🔴 100 % there

SECHS SPAZIERGÄNGE
Jedes Kapitel widmet sich einem Spaziergang, der – ohne Besuch der genannten Adressen – höchstens drei Stunden dauert. Auf dem Stadtplan ist angegeben, wie die Route verläuft. Die Wegbeschreibung links neben dem Stadtplan führt Sie entlang der Sehenswürdigkeiten zu den schönsten Adressen. So entdecken Sie fast nebenbei die besten Shopping-Gelegenheiten, die nettesten Restaurants und die angesagten Cafés und Bars. Wer irgendwann keine Lust mehr hat, der Route zu folgen, kann aufgrund der ausführlichen Tipps und Pläne auch wunderbar auf eigene Faust Entdeckungen machen.

PREISANGABEN BEI HOTELS UND RESTAURANTS
Um Ihnen einen Eindruck von den Hotel- und Restaurantpreisen zu geben, wurden die Preisangaben in die Adressinformationen mit aufgenommen. Bei Hotels beziehen sich die Beträge (sofern nicht anders angegeben) auf den Preis für ein Doppelzimmer pro Nacht einschließlich Frühstück. Bei den Restaurants wird jeweils der Durchschnittspreis für ein Hauptgericht genannt.

GUT ZU WISSEN

Kopenhagen ist im Winter ganz anders als im Sommer, aber beide Jahreszeiten haben ihren Reiz. Im Winter erzeugen die Lichter der Eisbahnen und Weihnachtsmärkte eine märchenhafte Atmosphäre. Wenn im Sommer das Wetter gut ist, sind die Terrassen und Parks voller Menschen, die das sommerliche Leben und das Wetter genießen. Die Tage sind im Winter sehr kurz (Tageslicht von ca. 9.00 Uhr bis 15.00 Uhr), im Sommer bleibt es jedoch sehr lange hell. Das nutzen die Dänen in vollen Zügen aus, und die Stadt ist auch spätabends noch voller Leben.

In Dänemark und Schweden zahlt man mit Kronen. 100 Dänische Kronen (DKK, in diesem 100 % Cityguide KR) entsprechen ca. 12,30 Euro und 100 Schwedische Kronen (SEK) sind etwa 10,00 Euro. Kreditkarten werden fast überall akzeptiert.

Geschäfte haben im Allgemeinen von 11.00 Uhr bis 18.00 Uhr geöffnet. Samstags schließen die Läden jedoch meistens schon gegen 15.00 Uhr. Am ersten Sonntag im Monat ist im Zentrum verkaufsoffener Sonntag, dann gelten die gleichen Öffnungszeiten wie an einem Samstag.

VisitDenmark, Dänemarks offizielle Tourismuszentrale, hat eine gute deutschsprachige Internetseite über Kopenhagen. Auf *www.visitdenmark.com* gibt es beispielsweise praktische Informationen für die Anreise nach Kopenhagen, über Sehenswürdigkeiten und Events in der Stadt.

MUSEEN

Bei vielen Museen ist der Eintritt mittwochs frei. Kinder (bis 10 Jahre) haben fast immer freien Eintritt.

Empfehlenswert ist die cOPENhagen CARD. Mit dieser Karte sind nicht nur alle Fahrten mit öffentlichen Verkehrsmitteln gratis, man bekommt außerdem ermäßigten oder kostenlosen Zugang zu vielen Museen und Sehenswürdigkeiten sowie Preisnachlässe in einigen Restaurants und Cafés. Die cOPENhagen CARD gilt auch für einige Ziele rund um Kopenhagen wie für das Louisiana-Museum an der dänischen Küste.

DÄNISCHE (ESS)GEWOHNHEITEN

Viele Dänen essen um die Mittagszeit Smørrebrød, ein belegtes Roggenbrot. Am Wochenende brunchen die Dänen häufig außer Haus, fast alle Restaurants bieten daher Brunch an. Für zwischendurch gibt es überall in der Stadt *pølse vogn* (Würstchenbuden).

Trinkgeld muss man in Restaurants und Cafés nicht unbedingt geben, aber natürlich wird es geschätzt. In Cafés und Lunchrestaurants werden Gäste manchmal am Tisch bedient, häufig wird jedoch erwartet, dass der Gast selbst an der Bar bestellt.

Bier ist das Nationalgetränk Dänemarks. Der Tag, an dem das Weihnachtsbier erstmals ausgeschenkt wird (der erste Freitag im November), gilt als inoffizieller Feiertag. In den Kneipen wartet dann eine trinkfreudige Menge mit Spannung darauf, dass es um Punkt 20.59 Uhr das Weihnachtsbier gibt.

NATIONALE FEIERTAGE

Dänemark hat neben den üblichen Feiertagen wie Neujahr, Karfreitag, Ostern, Christi Himmelfahrt und Weihnachten folgende Feiertage:

vierter Freitag nach Ostern	- Gebetstag
5. Juni	- Tag des Grundgesetzes
24. Dezember	- Heiligabend

An diesen Tagen hat jeder frei, und die Geschäfte, Museen und viele Restaurants und Bars sind geschlossen.

FESTIVALS

Kopenhagen ist vor allem wegen des Copenhagen Jazz Festival bekannt. Doch es gibt noch weitere interessante Veranstaltungen, die wir Ihnen hier vorstellen. Auf den Internetseiten stehen aktuelle Daten und Informationen.

Copenhagen Fashion Festival *(www.copenhagenfashionfestival.com)*
Als Pendant zur professionellen Copenhagen Fashion Week findet im Februar und Oktober das Copenhagen Fashion Festival statt: Straßenmodenschauen, spezielle Events in Geschäften und Partys von Mittwoch bis Sonntag.

CPH Pix *(www.cphpix.com)*
Dieses Filmfestival spielt sich jedes Jahr im April ab. Alle Kinos in Kopenhagen beteiligen sich daran und zeigen Filme aus dem In- und Ausland.

Københavns Karneval *(www.karneval.dk)*
Ein dreitägiges Festival an Pfingsten mit Sambamusik, Kostümen, Tanz und diversen Angeboten im Fælledpark, Stadtteil Østerbro. Eintritt frei.

Copenhagen Jazz Festival *(http://jazz.dk)*
Jedes Jahr ab dem ersten Freitag im Juli heißt es in Kopenhagen für zehn Tage: Jazz pur. In der ganzen Stadt finden über 800 Konzerte internationaler und dänischer Musiker statt, zum Teil sogar kostenlos.

Golden Days Festival *(www.goldendays.dk)*
Dieses historische Festival, das alle zwei Jahre im September wiederkehrt, widmet sich drei Wochen lang einer bestimmten Zeit aus der dänischen Geschichte. Es werden unter anderem Ausstellungen und Konzerte mit Musik aus dieser Zeit sowie Stadtführungen angeboten.

Kulturnatten *(www.kulturnatten.dk)*
Jedes Jahr am Freitag der 41. Kalenderwoche ist Tag der offenen Tür in vielen Kultureinrichtungen, die dann bis mitten in der Nacht geöffnet sind. Begleitet wird dies von vielen Events: Konzerten, Kunstausstellungen und Theateraufführungen. Dazu gibt es auch ein englischsprachiges Programmheft.

HABEN SIE NOCH TIPPS?
Wir haben diesen Reiseführer mit großer Sorgfalt zusammengestellt. Da das Angebot an Geschäften und Restaurants in Kopenhagen jedoch regelmäßig wechselt, kann es sein, dass eine Empfehlung nicht mehr existiert. Besuchen Sie in diesem Fall oder wenn Sie andere Anmerkungen oder Fragen zu diesem 100 % Cityguide haben, unsere Webseite *www.100travel.de/kopenhagen*. Dort können Sie mit unserer Redaktion in Kontakt treten. Auch finden Sie dort aktuelle Tipps und zusätzliche Informationen zum Thema Kopenhagen.

Last but not least möchten wir noch bemerken, dass keine der vorgestellten Adressen für ihre Erwähnung bezahlt hat, weder für den Text noch für die Fotos. Alle Texte wurden von einer unabhängigen Redaktion geschrieben.

Hotels

In Kopenhagen gibt es viele Designhotels. Und wie in jeder Stadt kann man eine Übernachtung so teuer und so luxuriös gestalten, wie man möchte. Dennoch: Die Hotels in Kopenhagen sind im Allgemeinen recht teuer.

Wer nicht in einem Hotel übernachten möchte, kann ein Appartement mieten. Über die Internetseite des Tourismusbüros, *www.visitcopenhagen.com*, bieten Einheimische ihre Wohnungen an. Eine gute Alternative ist es auch, ein Bed & Breakfast zu buchen und bei den Dänen zu Hause zu übernachten: *www.bedandbreakfast.dk*.

Nachfolgend finden Sie eine Hotelauswahl mit unterschiedlichen Preisklassen. Die Buchstaben sind auch in der Übersichtskarte vorn im 100 % Cityguide verzeichnet.

NIEDRIGE PREISKLASSE

(A) Das **Danhostel Copenhagen City** ist ein Designhotel mit günstigen Preisen. Es liegt zentral, gleich beim Vergnügungspark Tivoli und dem Stadtzentrum. Keine muffige Jugendherberge, sondern frische, klar eingerichtete Zimmer.
h.c. andersens boulevard 50, www.danhostel.dk, telefon: 33118585, preis: 650 kr exkl. frühstück & bettwäsche, geteiltes zimmer 165 kr, frühstück 69 kr pro person, bettwäsche 60 kr pro stück, bus: 5a & 40 otto mønsteds plads

(B) Eine relaxte Atmosphäre und ein gutes Frühstücksbuffet bietet das **Hotel Sct. Thomas**. Das gemütliche kleine Familienhotel mit modern eingerichteten Zimmern liegt in schöner Umgebung an einer der stattlichen Alleen in Frederiksberg, gleich um die Ecke vom Værnedamsvej. Am Ende der Straße liegt der Frederiksbergpark.
frederiksberg allé 7, www.hotelsctthomas.dk, telefon: 33216464, preis: 695 kr, bus: 26 værnedamsvej

MITTLERE PREISKLASSE

Ⓒ Erleben Sie, wie die Dänen in Kopenhagen wohnen: **Copenhagen Stay** ist ein Privatappartement in einem alten Gebäude im historischen Stadtkern Kopenhagens. Es ist typisch dänisch eingerichtet und hat antike Holzbalken, einen offenen Kamin und eine gemütliche Küche. Bei der Ankunft werden die Gäste von der Eigentümerin Sophie empfangen, die auch verrät, wo es die leckersten Brötchen und Croissants gibt.

vimmelskaftet 36a (eingang neben hunkemöller), www.copenhagenstay.dk, telefon: 26700424, preis: 1000 kr für 2 personen, reinigung 500 kr (optional), u-bahn: nørreport

Ⓓ Im Hafen von Kopenhagen, gegenüber der königlichen Bibliothek Den Sorte Diamant (der schwarze Diamant), liegt das **Hotel CPH Living**. Die Zimmer sind mit dänischen Designklassikern modern eingerichtet. Es gibt hier kein Frühstück, auf die Terrasse mit Ausblick auf das Wasser darf man jedoch sein eigenes Frühstück mitbringen. Und nach einem erlebnisreichen Tag in Kopenhagen lässt es sich im Bad mit Aussicht auf den Hafen großartig entspannen.

langebrogade 1c, www.cphliving.com, telefon: 61608546, preis: 1000 kr, frühstück wird nicht angeboten, u-bahn: christianshavn, bus: 5a

(E) Das neueste Designhotel **Hotel 27** befindet sich mitten in der Stadt, in der Nähe von Tivoli und der Einkaufsstraße Strøget. Hier wird alles getan, um Ihnen das Leben so angenehm wie möglich zu machen. Die Zimmer wurden von führenden Architekten eingerichtet und sind mit luxuriösen Badezimmern mit Schieferwänden ausgestattet. Hier kann man außerdem eines der "Live Life-Packages" buchen oder in der Absolut Icebar, für die Eis aus dem Tornerfluss in Lappland herangekarrt wurde, "ganz cool" einen Drink genießen.
løngangstræde 27, www.hotel27.dk, telefon: 70275627, preis: 1032 kr, bus: 2a, 5a & 6a rådhuspladsen

(F) In Malmö ist das **Hotel Duxiana** empfehlenswert, das eine Kooperation mit der Möbelmarke Duxiana eingegangen ist: Alle Zimmer wurden mit den Möbeln und den exzellenten Betten der achtzig Jahre alten Möbelmarke eingerichtet, und alles, was dort steht, kann auch gekauft werden. In der ersten Etage gibt es ein ganz besonderes Zimmer, in dessen Mitte eine Badewanne steht, aus der man einen tollen Blick über Malmö hat.
mäster johansgatan 1, malmö, www.malmo.hotelduxiana.com, telefon: 040 6077000, preis: 1490 sek, zug/bus: centralstationen

(G) Im **Hotel Fox** wurden die Zimmer von verschiedenen Künstlern eingerichtet. Das Ergebnis: eine bunte Mischung diverser Stile und Themen. Jedes Zimmer ist einzigartig. Bevorzugen Sie ein japanisches Zimmer oder eher eine dschungelähnliche Umgebung mit vielen Kuscheltieren? Im Sommer lädt die sonnige Dachterrasse ein. Das Hotel befindet sich in der Innenstadt sowie in der Nähe des Ørstedsparks, eines der schönsten Parks Kopenhagens.
jarmers plads 3, www.hotelfox.dk, telefon: 33133000, preis: 1120 kr, bus: 5a & 14 jarmers plads

(H) In idealer Lage in der Nähe des Rådhuspladsen liegt das Designhotel **The Square**. Die Lobby zeigt sich in modernem, minimalistischem Design. Liebhaber von Geradlinigkeit werden sich sicher auch in den Zimmern mit den dunklen, schlichten Holzmöbeln zu Hause fühlen. Vom Frühstücksraum in der sechsten Etage aus hat man einen großartigen Blick auf den Rådhuspladsen und die Stadt.
rådhuspladsen 14, www.thesquarecopenhagen.com, telefon: 33381200, preis: 1190 kr, bus: 2a, 5a & 6a rådhuspladsen

(I) In einem alten Getreidespeicher in Palast-Nähe liegt das **Admiralhotel**. Es steht komplett im Zeichen der Schifffahrt: In den Fluren hängen Schiffsbilder, und im Aufzug werden Filme zum Thema Seefahrt gezeigt. Es gibt hier auch Zimmer mit Hafenblick. Abends kann man am Kai spazieren gehen.
toldbodgade 24-28, www.admiralhotel.dk, telefon: 33741414, preis: 1310 kr, frühstück 130 kr, u-bahn: kongens nytorv

(J) Das Hotel **Scandic Front** ist in skandinavischem Design eingerichtet, und ein Teil der Zimmer hat Hafenblick. Die luxuriösen Badezimmer sind mit Fußbodenheizung und Kieselsteinböden ausgestattet. Es wirkt, als würde man tatsächlich am Kieselstrand stehen – nur ohne Schmerzen an den Füßen. Das Hotel bietet viele Extras wie Fitnessstudio und Massage und liegt neben dem neuen Theater, gegenüber der Oper, zentrumsnah und am Wasser.
sankt annæ plads 21, www.scandichotels.dk/front, telefon: 33133400, preis: 1370 kr, u-bahn: kongens nytorv

HOHE PREISKLASSE

(K) Eines der renommiertesten Werke des berühmten dänischen Architekten Arne Jacobsen ist das **Radisson Blu Royal Hotel**. Er entwarf hier nicht nur das Gebäude, sondern auch die Einrichtung. Seine bekannten Stühle, der Schwan und das Ei, wurden speziell für das Hotel angefertigt. Liebhaber des dänischen Designs müssen sich unbedingt Zimmer 606 ansehen. In diesem vollständig von Arne Jacobsen eingerichteten Zimmer wurde seit der Eröffnung des Hotels 1960 – das damals Hotel SAS Royal hieß – nichts verändert. Das Hotel liegt gegenüber dem Tivoli, in Bahnhofs- und Zentrumsnähe.
hammerichsgade 1, www.radissonblu.com/royalhotel-copenhagen, telefon: 33426000, preis: 1495 kr, frühstück 100 kr, bus: 2a, 15 & 40 hovedbanegård

(L) Das **Hotel Sankt Petri** strahlt trotz seiner modernen Ausstattung viel Wärme aus. Die Zimmer sind hell und geräumig, und der Service ist so, wie man ihn in einem Fünfsternehotel erwarten darf. Das Hotel liegt in einer ruhigen Straße, ganz in der Nähe von den Geschäften und Restaurants im Zentrum. Tipp: die ausgezeichnete Cocktailbar.
krystalgade 22, www.hotelsktpetri.dk, telefon: 33459100, preis: 1695 kr, frühstück 150 kr, u-bahn: nørreport

Transport

Von Kastrup, dem **Flughafen** Kopenhagens, dauert die Autofahrt ins Zentrum etwa 20 Minuten. Es fährt auch ein **Zug** zum Hauptbahnhof, und eine Fahrt mit einem **Taxi** ins Zentrum kostet ungefähr 225 Kronen. Der Zug nach Malmö fährt drei Mal in der Stunde ab Bahnhof København Hovedbanegård und die Fahrt zum Hauptbahnhof Malmö dauert ca. 40 Minuten. Zu zweit ist ein DSB Orange günstiger (256 Kronen pro Fahrkarte für zwei Personen).

Viele Sehenswürdigkeiten in Kopenhagen liegen nah beieinander oder in Laufnähe vom Zentrum. Die Stadt lässt sich also prima zu **Fuß** erkunden. Oder mit dem **Fahrrad**, denn zwischen Mai und Mitte Dezember kann man kostenlos Fahrräder ausleihen. Diese stehen bei Sehenswürdigkeiten oder an zentralen Plätzen wie Bahn- und U-Bahnhöfen. Mit einer 20-Kronen-Münze löst man das Fahrrad von seinem festen Ständer. Die Leihräder werden gern genutzt und sind während der Hauptsaison oft schwer zu bekommen.

Die **U-Bahn** fährt in Kopenhagen Tag und Nacht. Das **S-tog** ist eine Kreuzung zwischen U-Bahn und Zug. Da die U-Bahn- und die S-tog-Linien an einigen Bahnhöfen aufeinandertreffen, ist ein umfassendes Netz entstanden. Die Züge der U-Bahn haben keinen Fahrer, sodass man einen guten Blick aus den großen Fenstern im vorderen Zugteil hat.

Die meisten **Buslinien** der Stadt führen am Rådhuspladsen oder København Hovedbanegård, dem Hauptbahnhof, vorbei. Am Rådhuspladsen befindet sich ein Informationszentrum für den Busverkehr, an dem man auch Wochen- und Streifenkarten bekommt. Ein Einzelfahrausweis kostet 23 Kronen und ist beim Busfahrer erhältlich. Der **vandbus** (Wasserbus) ist ein schönes Fortbewegungsmittel innerhalb der Stadt sowie rund um den Hafen. Zwischen dem schwarzen Diamanten und Nordre Tolbod, in der Nähe der Kleinen Meerjungfrau, fahren drei verschiedene Wasserbusse.

Wer häufig die öffentlichen Verkehrsmittel nutzt, der sollte eine *klippekort* (Zehnerkarte) kaufen. Im Stadtzentrum und in den in diesem 100 % Cityguide genannten Vierteln benötigt man eine Zehnerkarte für zwei Zonen. Es gibt sie am Kiosk oder in den Bahnhöfen, und sie kostet 140 Kronen. Aufgepasst: vor dem Einstieg abstempeln. Mit einem Fahrausweis bzw. einem Streifen kann

man eine Stunde lang mit allen öffentlichen Verkehrsmitteln in zwei Tarifzonen fahren. Vor dem Einstieg immer die Zoneneinteilung der Stadt überprüfen.

Mit der **cOPENhagen CARD** ist das Fahren mit öffentlichen Verkehrsmitteln kostenlos, sogar vom Flughafen aus. Die Karte gewährt noch allerhand andere Rabatte. Eine 24-Stunden-Karte kostet 239 Kronen, eine für 72 Stunden 469 Kronen. Verkaufsstellen gibt es unter anderem am Flughafen, Hauptbahnhof und in vielen Hotels. Weitere Informationen: auf der Internetseite *www.visit-copenhagen.com* oder über das Touristenbüro Wonderful Copenhagen.

Taxis stehen unter anderem am Rådhuspladsen, am Haupteingang des Tivoli und am Kongens Nytorv. Nachts und tagsüber gelten unterschiedliche Tarife. Eine Fahrt innerhalb eines Viertels kostet ca. 80 bis 100 Kronen.

Zentrum

Historisches Herz und Einkaufsmekka

Diese Gegend ist das kommerzielle Zentrum Kopenhagens mit großen Einkaufsketten und bekannten Modehäusern. Die Strøget – Europas längste und älteste autofreie Einkaufsstraße – zieht sich durch das historische Herz der Stadt und verbindet zwei wichtige Plätze miteinander: Rådhuspladsen und Kongens Nytorv. Am Rådhuspladsen gibt es viele Souvenirshops, Fastfoodketten und günstige Modeläden; um den Kongens Nytorv dagegen befinden sich edle Designer-Boutiquen und in der Seitenstraße Købmagersgade zahlreiche Schuhgeschäfte. Außerdem steht dort der alte Aussichtsturm Rundetaarn, von dem aus man die ganze Stadt überblicken kann.

Rådhuspladsen ist einer der Treffpunkte im Stadtkern. Im 19. Jahrhundert war hier noch ein Tor, das zu den Verteidigungsmauern der Altstadt gehörte. Der Gedenkstein in der Mitte des Platzes ist das Einzige, was noch daran erinnert. Außergewöhnlich ist auch das Barometer – am Gebäude mit der Leuchtreklame – an der gegenüberliegenden Seite des H. C. Andersens Boulevard.

1

Bei schönem Wetter erscheint auf dem Barometer ein Mädchen mit Fahrrad, bei Regen ein Mann mit Regenschirm. Rund um Kongens Nytorv stehen stattliche Bauten wie Det Kongelige Teater (das königliche Theater) und das edle Hotel d´Angleterre sowie das Warenhaus Magasin.

In den schmalen Gassen hinter den großen Einkaufsstraßen gibt es kleine originelle Läden und Cafés. Westlich von Strøget liegt das Latiner Kvarteret (Lateinisches Viertel) mit seinen farbenfrohen Gebäuden und kleinen Plätzen. Einst war es Universitätsviertel, und das alte Universitätsgebäude aus dem Jahr 1836 wird noch heute genutzt. Obwohl die Ursprünge dieses Viertels auf das Mittelalter zurückgehen, ist wenig aus dieser Zeit erhalten geblieben.

Für Shoppingfans: Parallel zur langen und großen Einkaufsstraße Strøget verläuft eine zweite, schmalere autofreie Shoppingmeile. Hier geht es gemütlicher zu, und die Shops sind auf jeden Fall individueller.

6 Insider-Tipps

Tivoli

Ein Freilichtkonzert im Tivoli erleben.

The Royal Cafe

Die dänische Küche in Form von "Smushies" kennenlernen.

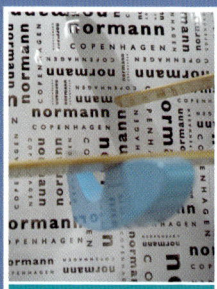

Illums Bolighus

Sich in skandinavische Wohnaccessoires verlieben.

Rundetaarn

Die großartige Aussicht über ganz Kopenhagen genießen.

Bibendum

Die leckersten Weine aus aller Welt trinken.

Det Kongelige Teater

In die Zeit von H. C. Andersen eintauchen.

 Sehenswürdigkeiten

Shoppen

 Essen & Trinken

100 % there

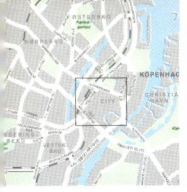

Frederiksstaden & die kleine Meerjungfrau

Königlicher Palast, Wasserblick und Antikläden

Zwischen Øresund und Stadtzentrum liegt das aristokratische und königliche Kopenhagen. Vor rund 250 Jahren war dieses Gebiet noch unbewohnt, lediglich der königliche Garten zeigte hier seine Pracht. Als der Palast Christiansborg zum dritten Mal niedergebrannt war, wurde dem Park ein komplett neuer Wohnbereich für den dänischen König Frederik und seine Familie hinzugefügt. Dieser Stadtteil wurde nach dem Herrscher Frederiksstaden (Frederikstadt) benannt, und der Palast, der nach wie vor Residenzsitz ist, trägt den Namen Schloss Amalienborg. In dieser Gegend liegt auch Schloss Rosenborg mit dem Kongens Have (Königspark). Man merkt, dass die Dänen ihre Königsfamilie lieben, denn hier tummeln sich viele Dänen, aber auch Touristen.

In diesem Stadtteil gibt es aber noch viel mehr zu entdecken. Zum Beispiel zwei beeindruckende Kirchen, die protestantische Marmorkirken und die russisch-orthodoxe Alexander Nevskij Kirke, sowie die sternenförmige

2

Festung Kastellet, die einst Teil der Verteidigungsbauten Kopenhagens war. Alles in allem eine wunderbare Gegend für Spaziergänge!

In der Nähe der Festung thront auf einem Felsen am Kai des Kopenhagener Hafens die berühmte Kleine Meerjungfrau. Die Statue ist zwar wieder Erwarten relativ klein, aber sie ist dennoch das Symbol Dänemarks. Entlang des Kais, auf dem die Statue ihren Platz gefunden hat, kann man sich wunderbar den Wind um die Nase wehen lassen und den Kreuzfahrtschiffen hinter schauen, die im Sommer an der Langelinie Allé anlegen.

In den prächtigen Straßen Store Kongensgade und Bredgade befinden sich viele Antikläden und Galerien, ausgefallene Geschäfte und edle Restaurants. Außerdem sind in dieser Gegend viele große Unternehmen ansässig, was man an dem kunterbunten Mix aus leger gekleideten Touristen und Geschäftsleuten in Anzügen erkennen kann.

6 Insider-Tipps

Nyhavn

Am Kai zwischen den bunten dänischen Häusern etwas trinken gehen.

Zeleste

In einem überdachten Garten genüsslich Fisch essen.

Ida Davidson

Smørrebrød essen, so wie es sich gehört.

Rundfahrt

Kopenhagen vom Wasser aus bewundern.

Picknick im Park

Den Mittag im Kongens Have verbringen.

Kleine Meerjungfrau

Das Symbol Dänemarks besichtigen.

Sehenswürdigkeiten

Shoppen

Essen & Trinken

100% there

Sehenswürdigkeiten

(1) Das Museum **Ny Carlsberg Glyptotek** ist ein Geschenk des vermögenden Inhabers der Carlsberg-Brauerei an die Stadt. Es gibt eine ägyptische Abteilung mit Mumien und Gräbern. Um hierhin zu gelangen, geht man ein Stück nach unten – so als würde man eine echte Pyramide betreten. Im mittleren Teil des Museums, unter der enormen Kuppel, liegt ein prächtiger Garten aus dem 19. Jahrhundert mit subtropischen Pflanzen.
dantes plads 7 (eingang h.c. andersens boulevard), www.glyptoteket.dk, telefon: 33418141, geöffnet: di-so 11.00-17.00, eintritt: 75 kr, so frei, bus: 2a, 15 & 40 glyptoteket

(2) Auf dem Rådhuspladsen steht das **Rådhus** (Rathaus) Kopenhagens, dessen Erbauer sich vom Rathaus im italienischen Siena inspirieren ließen. Dadurch entstand eine Mischung aus dänischer Architektur und italienischer Renaissance. Das Rathaus – 1905 errichtet – ist frei zugänglich, jedoch sind einige Räume sowie die Türme nur im Rahmen einer Führung zu besichtigen.
rådhuspladsen 1, telefon: 33663366, geöffnet: täglich 7.45-17.00, rathausführung mo-fr 15.00, sa 10.00, turmführung okt.-mai mo-sa 12.00, juni-sept. mo-fr 10.00, 12.00, 14.00, sa 12.00, eintritt: frei, führung 20 kr, bus: 2a, 5a, 6a rådhuspladsen

(4) Das Original der **Vor Frue Kirke** aus dem Jahr 1209 wurde durch Brände und Bombardierungen total zerstört. 1829 erbaute man dafür die heutige Kirche im neoklassizistischen Stil, die bei nationalen Veranstaltungen eine wichtige Rolle spielt. 2004 heiratete hier zum Beispiel der dänische Kronprinz.
nørregade 8, www.domkirkon.dk, telefon: 33151078, geöffnet: täglich 8.00-17.00, eintritt: frei, u-bahn: nørreport

(5) Wenngleich die Fakultäten der Universität Kopenhagen inzwischen über die ganze Stadt verteilt sind, wird das **alte Universitätsgebäude** mit seinen wundervollen Fresken im Eingangsbereich noch immer genutzt. An der Vorderseite des Gebäudes stehen Büsten von Wissenschaftlern, die hier studiert haben, zum Beispiel von H. C. Ørsted (Erfinder des Elektromagnetismus) und Niels Bohr (Nobelpreis für Physik).
vor frue plads, telefon: 35322801, geöffnet: mo-fr 8.00-20.00, eintritt frei, u-bahn: nørreport

Essen & Trinken

(6) **Paludan Bog & Cafe** liegt in direkter Nähe zur Universität und ist Café, Buchhandlung und Antiquariat in einem. Ideal, um etwas Dänisch zu üben ...
fiolstræde 10-12, www.paludan-bog.dk, telefon: 33150675, geöffnet: mo-fr 9.00-22.00, sa 10.00-22.00, so 10.00-20.00, preis: lunch 35 kr, u-bahn: nørreport

(7) **La Glace** gilt nicht nur als ältester, sondern auch als bester Konditor Kopenhagens. Täglich werden hier 16 Sorten des sogenannten Lagkager hergestellt. Diese Torten sind mit süßer Sahne, Mousse oder Creme gefüllt und zum Teil mit einer Glasur bedeckt. Hier kann man im traditionellen Ambiente des vorherigen Jahrhunderts ganz ungeniert schlemmen.
skoubogade 3-5, www.laglace.dk, telefon: 33144646, geöffnet: mo-do 8.30-17.30, fr 8.30-18.00, sa 9.00-17.00, so 11.00-17.00, preis: torte 42 kr, u-bahn: nørreport

(9) Nach einer durchzechten Nacht ist das **Zirup** am nächsten Morgen genau die richtige Adresse. Hier wird nämlich ein "Hangover Brunch" serviert, der aus Würstchen mit Ketchup, Bratkartoffeln und Pfannkuchen besteht. Wem das alles zu schwer erscheint, der kann sich auch für eines der leichteren Gerichte entscheiden.
læderstræde 32, http://zirup.dk, telefon: 33135060, geöffnet: so-mi 10.00-23.00, do-sa 10.00-2.00, preis: brunch 90 kr, hauptgericht 129 kr, u-bahn: kongens nytorv

(11) Regel 23 von **Ruby**: "Girls hang out, apply make up and have long talks in the bathroom. Men don't." Von außen sieht man nicht einmal, dass dies ein Club ist. Drinnen hat man den Eindruck, man würde mit Freunden und einem Cocktail bei Oma zum Schwätzchen auf dem Sofa sitzen. Das kommt gut an: Donnerstag-, Freitag- und Samstagabend muss man sich nämlich anstellen, um ins Ruby zu kommen. Umso früher man kommt, desto geringer ist der Andrang.
nybrogade 10, http://rby.dk, telefon: 33931203, geöffnet: mo-sa 16.00-2.00, so 18.00-0.00, preis: cocktail ab 95 kr, u-bahn: kongens nytorv

PALUDAN BOG & CAFÉ ⑥

⑭ **The Royal Cafe** ist ein absolutes Muss. Dieses Café erstrahlt in einer modernen, hellen Einrichtung, hat eine hohe, silberfarbene Decke und überdimensionale Portratmalereien an den Wänden. Die Spezialität des Hauses sind die Smushies, die traditionellen dänischen Smørrebrød-häppchen in Sushiform.

amagertorv 6, www.theroyalcafe.dk, telefon: 33121122, geöffnet: mo-do 10.00-18.00, fr 10.00-19.00, sa 10.00-18.00, so 11.00-17.00, preis: smushie 125 kr, u-bahn: kongens nytorv

⑮ Das **Cafe Europa** hat jahrelang den Preis für den besten Kaffee und die besten Brote gewonnen. Das ist sicherlich auch der Grund dafür, dass es hier so voll ist. Wer einen Platz ergattert hat, kann sich das leckere Essen und die Getränke schmecken lassen (unbedingt den Salat probieren) und den Rummel rund um den Springbrunnen auf dem Amagertorv beobachten.
amagertorv 1, telefon: 33142889, geöffnet: mo-do 7.45-23.00, fr 7.45-1.00, sa 7.45-0.00, so 9.00-23.00, preis: smørrebrød 159 kr, u-bahn: kongens nytorv

⑯ Das beliebte **Cafe Norden** wirkt wie ein Wiener Kaffeehaus aus der Zeit um 1900. Das Café wurde im Jugendstil erbaut und befindet sich in Toplage am belebten Amagertorv. Hunger muss hier keiner leiden: Die Karte ist umfangreich, es gibt sowohl Mittag- und Abendessen als auch Kaffee und Kuchen. Manchmal muss man sich kurz gedulden, bis ein Platz auf der herrlichen Terrasse oder drinnen auf einer der beiden Etagen frei wird, aber das ist die Mühe ganz sicher wert.
østergade 61, www.cafenorden.dk, telefon: 33117791, geöffnet: täglich 9.00-0.00, preis: lunch 120 kr, u-bahn: kongens nytorv

㉑ **Cafe Victor**, ein Bistro-Restaurant mit französischer Küche, ist Treffpunkt vieler prominenter Dänen. Man kann sich an den runden Tischen in Barnähe oder an einem langen Tisch im Restaurantteil zum Essen niederlassen. Obwohl beide Bereiche in einem Raum liegen, gibt es zwei unterschiedliche Speisekarten.
ny østergade 8, www.cafevictor.dk, telefon: 33133613, geöffnet: mo-mi 8.00-1.00, do-sa 8.00-2.00, so 11.00-24.00, preis: hauptgericht 175 kr, u-bahn: kongens nytorv

㉒ **Cafe Zeze** hat ganztags geöffnet. Man kann hier sehr lecker frühstücken, ein Mittag- oder Abendessen aus der abwechslungsreichen Speisekarte wählen oder am Abend ein Bier trinken, denn das Zeze ist auch als Kneipe äußerst beliebt. Freitag- und samstagabends ist es daher auch immer voll. Pelzmäntel, turmhohe Stilettos oder Jeans mit Turnschuhen – im Zeze ist jeder willkommen.
ny østergade 20, www.cafe-zeze.dk, telefon: 33142390, geöffnet: mo-do 8.00-0.00, fr 8.00-2.00, sa 9.00-2.00, preis: frühstück 64 kr, lunch 84 kr, hauptgericht 155 kr, u-bahn: kongens nytorv

㉕ Bei **Agnes Cupcakes** findet jeder seinen Lieblings-Cupcake. Doch entscheiden muss man sich schon ... Es gibt nämlich rund 30 verschiedene Sorten, von denen tagtäglich mindestens 15 in der Auslage zu bestaunen sind. Im Kalender auf der Webseite des Cafés oder an der Wand im Laden können Sie nachschauen, wann Ihre Lieblingssorte wieder zu bekommen ist. Den Cupcake können Sie direkt vor Ort bei einer Tasse Kaffee oder Tee genießen, aber dann entgeht Ihnen die schöne Verpackung.

svaertegade 2, www.agnescupcakes.dk, telefon: 31206000, geöffnet: mo-fr 10.00-19.00, sa 10.00-17.00, erster so im monat 12.00-17.00, u-bahn: nørreport

(30) **Sommersko** (wörtlich übersetzt "Sommerschuh") war laut eigener Aussage das erste Café Dänemarks, das Café und Galerie in einem war. 1976 öffnete es seine Türen für Künstler, die einen Ort suchten, an dem sie sich bei einem Gläschen treffen konnten. Bereits nach kurzer Zeit fand das Konzept Nachahmer. Viel hat sich seitdem nicht verändert. Die überwiegend französische Küche und die attraktive Weinkarte sind jedoch sehr zeitgemäß.
kronprinsensgade 6, www.cafesommersko.dk, telefon: 33148189, geöffnet: so-mi 9.00-1.00, do 9.00-3.00, fr & sa 9.00-5.00, preis: brunch 129 kr, bus: 66, u-bahn: kongens nytorv

(32) Die Betreiber des **Flottenheimer** haben sich zum Ziel gesetzt, ihren Gästen eine "100 % gute Erfahrung" zu bieten, ungeachtet dessen, ob sie nun zum Brunchen, Abendessen oder auf eine Tasse Kaffee kommen. Das gemütliche Restaurant liegt in der Nähe vom Gråbrødretorv, wo im Sommer eine kleine Terrasse geöffnet wird. Während einiger Festivals, wie zum Beispiel dem Copenhagen Jazz Festival, treten auf diesem Platz Künstler auf.
skindergade 20, www.cafeflottenheimer.dk, telefon: 35383212, geöffnet: mo-mi 10.00-23.00, do 10.00-1.00, fr-sa 10.00-2.00, so 11.00-17.00, preis: hauptgericht 100 kr, bus: 6a strøget

(36) Die drei Eigentümer des **Barbarellah** sind chilenisch-dänischer Herkunft. Die Kochkünste ihrer Mütter und die Cocktails ihrer Väter inspirierten sie zur Gründung des Restaurants. Im Barbarellah werden lateinamerikanische Gerichte und "classical latin cocktails" wie Margeritas und Mojitos serviert. Und jeden Abend sorgt ein DJ für gute Musik.
nørre farimagsgade 41, www.barbarellah.dk, telefon: 33320061, geöffnet: di-do 14.00-2.00, fr-sa 14.00-4.00, preis: hauptgericht 100 kr, u-bahn: nørreport

(37) Wer gern ein Glas Wein trinkt, für den ist das **Bibendum** ein Muss. Diese Weinbar bietet eine umfangreiche Karte mit Weinen aus aller Welt. Und wenn man seinen Wein-Favoriten gefunden hat, kann man ihn gleich im Geschäft nebenan erstehen. Übrigens ist es den dänischen Weinbauern 2000 gelungen, Dänemark von der EU offiziell als Anbaugebiet anerkennen zu lassen. 2006 war der beste Jahrgang für dänischen Wein, der überwiegend auf der Insel Bornholm angebaut wird. Unbedingt probieren.
nansensgade 45, www.vincafeen.dk, telefon: 33330774, geöffnet: täglich 16.00-0.00, preis: glas wein 55 kr, u-bahn: nørreport

Shoppen

(8) *Back to the 50s and 60s* geht es bei **Planeten København**. In diesem Laden stapelt sich allerlei Retro-Schnickschnack wie zum Beispiel ein uraltes Wählscheibentelefon oder Werbeposter aus den Fünfzigern. Wonach Sie auch suchen – hier werden Sie es finden.
kompagnistræde 10, telefon: 33324444, geöffnet: mo-do 11.00-17.30, fr 11.00-19.00, sa 10.00-16.00, u-bahn: kongens nytorv

(12) Bei **Illums Bolighus** gibt es alles für zu Hause, häufig von bekannten dänischen Designern wie Erik Bagger, Georg Jensen oder der Marke Bodum. In der Möbeletage finden Sie aktuelle Wohntrends. Wenn Ihnen etwas besonders gut gefällt, das Portemonnaie aber schon leer ist, sind die Factory-Outlets von Royal Copenhagen und Georg Jensen in Frederiksberg ein Tipp.
amagertorv 10, www.illumsbolighus.dk, telefon: 33141941, geöffnet: mo-do 10.00-18.00, fr 10.00-19.00, sa 10.00-17.00, so 12.00-17.00, u-bahn: kongens nytorv

(13) Im Flagship Store von **Royal Copenhagen**, dem königlichen Porzellan-lieferanten Dänemarks, wird neben der eigenen Marke auch Porzellan anderer Hersteller verkauft. In der oberen Etage befindet sich ein Museum über die Geschichte von Royal Copenhagen, dort können Sie auch die Meister selbst bei der Herstellung von Kannen und Schalen erleben.
amagertorv 6, www.royalcopenhagen.com, telefon: 33137181, geöffnet: mo-fr 10.00-19.00, sa 10.00-18.00, erster so im monat 10.00-17.00, u-bahn: kongens nytorv

(17) Bei **Hay** dreht sich alles um Design. Rolf Hay versucht, mit modernem Möbeldesign an die erfolgreichen dänischen Konzepte der 1950er- und 1960er-Jahre anzuknüpfen. Es gibt nicht nur Möbel von bekannten Designern, sondern auch Accessoires wie Teppiche, Kissen und Services. Neben dem großen Showroom über dem Cafe Norden (Eingang am Strøget) besitzt Hay auch ein kleines Geschäft an der Pilestræde (Nr. 29–31).
østergade 61, www.hay.dk, telefon: 99424440, geöffnet: mo-fr 11.00-18.00, sa 11.00-16.00, u-bahn: kongens nytorv

THE
WH/TE BRÆFS

THE
WH/TE BRÆFS

STORM ㉔

⑱ In den beiden Souterrains von **Grønlykke** gibt es "großartige Dinge aus der ganzen Welt", wie die Mitarbeiter selbst sagen: Teppiche aus Syrien, Teeservices aus England oder farbenfrohe balinesische Körbchen. Außerdem ist Grønlykke die absolut richtige Adresse für traumhafte Stoffe und praktische Wachstischdecken.
læderstræde 3 en 5, www.gronlykke.com, telefon: 33130081, geöffnet: mo-fr 11.00-18.00, sa 11.00-16.00, u-bahn: kongens nytorv

(19) Das Gebäude, in dem sich jetzt das Warenhaus **Magasin du Nord** befindet, war früher ein Hotel (Hotel du Nord). Hier – in einem Zimmer unter dem Dach – wohnte um 1828 der berühmte Märchenautor Hans Christian Andersen. Er entschied sich nicht ohne Grund für dieses Hotel: Gleich um die Ecke liegt nämlich das königliche Theater, und der Märchenmeister träumte von einer Karriere als Balletttänzer oder Schauspieler. Das Magasin du Nord ist übrigens das älteste Kaufhaus Skandinaviens.

kongens nytorv 13, www.magasin.dk, telefon: 33114433, geöffnet: mo-do 10.00-19.00, fr 10.00-20.00, sa 10.00-17.00, erster so im monat 12.00-16.00, u-bahn: kongens nytorv

(23) Bei **Casashop** bekommen Sie wunderbare Möbel von internationalen Designern. Das Angebot an Lampen und Leuchten verschlägt einem regelrecht die Sprache. Wer hier etwas kauft, weiß sicher, dass er etwas Besonderes in Händen hält, das man so schnell nicht noch einmal sieht.

store regnegade 2, www.casashop.dk, telefon: 33332704, geöffnet: mo-do 10.00-17.30, fr 10.00-18.00, sa 10.00-15.00, u-bahn: kongens nytorv

(24) **Storm** ist jung und tonangebend in Sachen Fashion und Design. Hier gibt es Marken wie Dior Homme, Burberry und Dries van Noten für die Herren und Chloé, Ann Demeulemeester und Haider Ackermann für die Damen. Eine Auswahl der schönsten Accessoires, Magazine und Kunstbücher vervollständigen die Kollektion von Storm.

store regnegade 1, www.stormfashion.dk, telefon: 33930014, geöffnet: mo-do 11.00-17.30, fr 11.00-19.00, sa 10.00-16.00, u-bahn: kongens nytorv

(26) **Holly Golightly** ist ein Laden mit einer exklusiven Auswahl an Damenmode von bekannten Designern wie Marc Jacobs und Marni. Zudem gibt es hier viele schöne kleine Dinge, die die Inhaber in verschiedenen Ländern zusammengesucht haben. Seit 2007 hat Holly Golightly auch in der Store Regnegade (um die Ecke) einen Laden, in dem Accessoires wie Taschen und Schuhe verkauft werden.

moentergade 5, http://hollygolightly.dk, telefon: 33141920, geöffnet: mo-do 11.00-17.30, fr 11.00-18.00, sa 11.00-16.00, u-bahn: kongens nytorv

㉗ Der Flagship Store von **Kartell** macht glücklich, denn die Möbel aus Kunststoff strahlen in allen Farben des Regenbogens. Einfach schön.
kristen bernikows gade 6, www.kartell.it, telefon: 33931931, geöffnet: mo-do 10.00-17.30, fr 10.00-18.00, sa 10.00-15.00, u-bahn: kongens nytorv

㉘ Die renommierte Marke **Day Birger et Mikkelsen** ist absolut dänisch und steht für einen entspannten, feinen Stil. Im Concept Store gibt es – neben den sieben Designlinien des Labels – auch Wohnaccessoires.
pilestræde 16, www.day.dk, telefon: 33458880, geöffnet: mo-do 10.00-18.00, fr 10.00-19.00, sa 10.00-16.00, u-bahn: kongens nytorv

㉙ In den Modeläden an der **Kronprinsensgade** findet man modische Klamotten und Schuhe: Bei Stig P (*www.stigp.dk*), Hausnummer 14, liegen Freizeitmode und Jeans aus, exklusive Kleidung für Herren gibt es bei Hausnummer 9 und Damen gehen zu Bruuns Bazaar (*www.bruunsbazaar.dk*). Bequeme Gummistiefel und Schuhe gibt es bei Ilse Jacobsen Hornbæk (Nr. 11, *www.ilsejacobsen.dk*), Luxusschuhe dagegen bei Notabene, Hausnummer 10 (*www.notabene-shoes.com*).
kronprinsensgade 8, 9, 10, 11 & 14, geöffnet: mo-do 10.00-18.00, fr 10.00-19.00, sa 10.00-16.00, u-bahn: kongens nytorv

㉛ Teeliebhaber dürfen den ältesten Teeladen Europas nicht verpassen. 1835 öffnete der winzig kleine **A. C. Perch´s Thehandel** zum ersten Mal seine Türen. Wer hierherkommt, fühlt sich direkt in diese Zeit zurückversetzt. Wie früher wird der lose Tee noch mit Kupfergewichten gewogen. Es gibt auch einen Tearoom, in dem Tee probiert werden kann (rechtzeitig reservieren).
kronprinsensgade 5, www.perchs.dk, telefon: 33153562, geöffnet: laden mo-do 9.00-17.30, fr 9.00-19.00, sa 9.30-16.00, tearoom mo-fr 11.30-17.30, sa 11.00-17.00, preis: kännchen tee 85 kr, u-bahn: kongens nytorv

㉝ Bei **Plint** bekommt man Schönes und Nützliches aus Kunststoff oder Porzellan für die Küche. Auf dem Boden, an der Decke und in den Wandschränken (die man auch kaufen kann) stapeln sich Schalen, Kissen, Handtücher und Küchengeräte. So macht Kochen Spaß.
købmagergade 50, www.plint.dk, telefon: 30942681, geöffnet: mo-do 10.00-18.00, fr 10.00-19.00, sa 10.00-17.00, u-bahn: nørreport

100 % there

③ Der Vergnügungspark **Tivoli** aus dem Jahr 1843 befindet sich neben Hovedbanegård, dem Hauptbahnhof. Es gibt dort nicht nur Attraktionen für Kinder, sondern auch Restaurants und Cafés. Abends ist der Freizeitpark mit seiner nostalgischen Atmosphäre mit Tausenden Lämpchen erleuchtet. Im Sommer finden freitagabends Freilichtkonzerte von bekannten dänischen und internationalen Musikern statt. Für Besucher, die sich bereits im Park befinden, sind sie kostenlos. Im Herbst und Winter gibt es Märkte.
vesterbrogade 3, www.tivoli.dk, telefon: 33151001, geöffnet: apr.-mitte sept. 11.00-0.30, in der halloween-woche in okt. & in der advents- und weih-nachtszeit (mitte nov.-30 dez.), eintritt: 85 kr, tageskarte attraktionen 200 kr, s-bahn: københavns hovedbanegård (hauptbahnhof)

⑩ Im Sommer ist freitags und samstags **Antikmarkt am Gammel Strand**. Wer auf der Suche nach einem originellen Souvenir ist, der wird hier fündig. Der Markt ist klein, aber zwischen Straßencafés und Kanal schön gelegen.
gammel strand, geöffnet: mai-sept. fr-sa 8.00-17.00, bus: 2a, 15 & 40 christiansborg

⑳ Am Kongens Nytorv steht seit 1748 **Det Kongelige Teater**. In diesem prächtigen Gebäude, das abends schön beleuchtet ist, werden vor allem Ballettvorführungen gezeigt. Kein Interesse? Es gibt auch Führungen durch das Haus. Eintrittskarten für alle Aufführungen der Opern- und Theaterhäuser in der Stadt gibt es am kleinen Kiosk neben dem Theatereingang.
kongens nytorv, http://kglteater.dk, telefon: 33696933, geöffnet: führung so 11.00 (nur auf dänisch), preis: 75 kr, u-bahn: kongens nytorv

㉞ Der **Rundetaarn**, mitten in der Stadt gelegen, war ursprünglich eine Sternwarte und ist jetzt ein Aussichtsturm mit einem großartigen Blick auf Kopenhagen. Treppen steigen muss man nur bis zum letzten Stück, denn die Spitze erreicht man über eine spiralförmige, steile Rampe. Angeblich soll der russische Zar Peter der Große hier mit seinem Pferd hinaufgeritten sein.
købmagergade 52a, www.rundetaarn.dk, telefon: 33730373, geöffnet: 21. mai-20. sept. täglich 10.00-20.00, 21. sept.-20. mai täglich 10.00-17.00, mitte okt.-mitte märz di & do 19.00-22.00, eintritt: 25 kr, u-bahn: nørreport

ØRSTEDSPARKEN ③⑤

③⑤ **Ørstedsparken** ist ein bezaubernder Park, der nach dem dänischen Physiker und Chemiker Hans Christian Ørsted benannt wurde. Der Park war einst Teil der Verteidigungsbauten der Altstadt. In den Sommermonaten lockt ein Café-Pavillon mit wunderschöner Terrasse.

eingang an der ecke nørre voldgade, u-bahn: nørreport

Zentrum

Startpunkt ist die Glyptotek ①. Von hier geht es am Dansk Design Center vorbei zum Rådhus ②. Links befindet sich der Tivoli ③. Am Rådhuspladsen wechseln Sie die Seite, biegen in die Vestergade ein, halten sich dann links und biegen dann rechts ab. Neben der Vor Frue Kirke ④ liegt die Universität ⑤. In der Straße daneben (Fiolstræde) gönnen Sie sich einen Drink ⑥. Gehen Sie an der Kirche entlang über den Dyrkøb zurück zur Nørregade. Durch die Skindergade und Jorcks-Passage gelangen Sie zur Strøget. In der ersten Gasse rechts (Skoubogade) gibt es guten Tee und Kuchen ⑦. Gehen Sie links zurück und biegen Sie wieder links ab (Kompagnistræde). Dort treffen Sie auf ein schönes Geschäft ⑧ und ein gutes Restaurant ⑨. Zum Antikmarkt ⑩ geht es durch die Naboløs zum Gammel Strand. Am Abend können Sie dort ins Ruby gehen ⑪. Dann entlang der Hyskenstræde zurück zur Strøget. Am Amagertorv-Platz finden Sie dänisches Porzellan, Möbelhäuser und Cafés ⑫ ⑬ ⑭ ⑮ ⑯ ⑰. Rechts um die Ecke liegt Grønlykke ⑱. Gehen Sie weiter Richtung Strøget und schauen Sie in der Nikolajgade mit den vielen außergewöhnlichen Geschäften vorbei. Wer im ältesten Warenhaus Skandinaviens ⑲ einkaufen oder das Theater ⑳ bewundern möchte, geht am Ende der Straße rechts. Ansonsten biegt man in die Ny Østergade ein, um etwas zu essen oder zu trinken ㉑ ㉒. Designer- und Modegeschäfte befinden sich auf und rund um die Store Regnegade ㉓ ㉔. Kaffee und Cupcakes ㉕ gibt es in der schönen Svœrtogade. Noch mehr Geschäfte finden Sie links in der Bernikovsgade ㉖ ㉗, rechts in der Antonigade ㉘, wieder rechts in der Pilestræde und links in der Kronprinsengade ㉙ ㉚ ㉛. Gehen Sie links in die Købmagergade und dann links in die Løvstræde. Wenn Sie am Ende wieder den Gråbrødretorv überqueren, sehen Sie rechts das Restaurant Flottenheimer ㉜. Gehen Sie zurück zur Købmagergade. Dort können Sie shoppen ㉝ oder die Aussicht vom Rundetaarn ㉞ aus bewundern. Weiter zur Nørre Volgade und diese überqueren, um links in den Park ㉟ zu gelangen. Beim Ausgang an der Nørre Farimagsgade können Sie den südamerikanischen *way of life* kennenlernen ㊱. Beenden Sie die Tour mit einem Wein bei Bibendum ㊲.

Sehenswürdigkeiten

(1) **Schloss Rosenborg** ist ein kleines Stadtschloss, das von König Christian IV. im 17. Jahrhundert größtenteils selbst entworfen wurde. Im Schloss können die Kronjuwelen besichtigt werden. Vor dem Schloss stehen zwei zwei Wachen, deren aufeinander abgestimmte Bewegungen sehr nett zu bobachten sind.

øster voldgade 4a, http://dkks.dk, telefon 33153286, geöffnet nov.-apr. di-so 11.00-16.00, mai & sept.-okt. täglich 10.00-16.00, juni-aug. täglich 10.00-17.00, 21.-26. und 31. dez & 1. jan. geschlossen, preis: eintritt 75 kr, u-bahn nørreport

(3) **Kongens Have**, der Garten von Schloss Rosenborg, wurde im Renaissancestil angelegt. In den ehemaligen Wächterhäuschen befinden sich heute schöne Geschäfte und Galerien. In Dänemark gibt es noch viele solcher Schlösser, Parks und Festungen zu besichtigen, in diesem Stadtteil allein sind es drei: Rosenborg, Amalienborg und Kastellet. Weitere Informationen über die insgesamt 19 zugänglichen Schlösser und Parks: www.ses.dk.

kongens have, www.ses.dk, telefon 33153286, geöffnet täglich ab 7.00, preis: eintritt frei, u-bahn nørreport

(11) Auf dem **Kongens Nytorv** Platz befindet sich eine Statue von König Christian V. Dort gibt es auch viele Bänke, die geradezu einladen, um sich ein bisschen auszuruhen und die Menschen zu beobachten. Auf dem Platz gibt es auch einige Würstchenbuden (Pølservogn). Machen Sie es wie die Dänen und probieren Sie einen Pølser mit Speck und frittierten Zwiebeln. Lecker!

kongens nytorv, u-bahn kongens nytorv

(14) Der Kanal von **Nyhavn** wurde um 1672 angelegt, um der Handelsschifffahrt einen direkten Zugang zur Innenstadt zu ermöglichen. Märchenautor Hans Christian Andersen wohnte hier in den Hausnummer 18, 20 und 67. Heute ist der Nyhavn ein beliebter Treffpunkt, um in einem Café etwas zu trinken und Passanten zu beobachten. Im Sommer sitzen hier auch viele Büroangestellte aus der Umgebung, um den Feierabend einzuläuten. Man kann sich aber auch direkt an den Kai setzen und dort etwas essen oder trinken, das man in den Geschäften der Seitenstraßen eingekauft hat.

nyhavn, u-bahn kongens nytorv

⑭ **NYHAVN**

⑯ Das Theater **Skuespilhuset**, das 2008 am Ende von Nyhavn über dem Wasser erbaut wurde, ist eines der architektonischen Highlights der Stadt. Außergewöhnlich ist der „Lichtdschungel" am Eingang, eine neun Meter hohe Lichtskulptur in Form von Lianen. Aus der Ferne betrachtet kann man gut sehen, dass die Pfeiler unter der Besucherbrücke schief stehen und dass drei unterschiedliche Glassorten verwendet wurden.

sankt annæ plads 36, http://kglteater.dk, telefon 33696933, geöffnet mo-sa 10.00-23.30, so wenn aufführung, führung mi 16.30, sa 9.30 & 16.30, so 10.00 & 16.30, preis: führung 100 kr, u-bahn kongens nytorv

(18) **Schloss Amalienborg**, seit 1794 Palast der königlichen Familie, besteht aus vier Herrenhäusern im Rokokostil; im eher unauffälligen Herrenhaus mit den Säulen wohnt Königin Margrethe II. Ein Flügel des Palastes ist für die Öffentlichkeit zugänglich. Das Schloss wird von Soldaten mit Pelzmützen bewacht, die um 12.00 Uhr ihre Wachablösung zelebrieren. Auch in der Stadt sind immer wieder Wachen auf dem Weg zwischen Amalienborg und ihrem Stützpunkt Kongens Have zu sehen, häufig begleitet von Fanfarenklängen.
amalienborg, http://dkks.dk/amalienborgmuseet, telefon 33122186, geöffnet museum geöffnet nov.-apr. di-so 11.00-16.00, mai-okt. täglich 10.00-16.00, platz ganztags zugänglich, eintritt museum 60 kr, u-bahn kongens nytorv

(19) Die neobarocke **Marmorkirken** – offiziell Frederikskirke – erhielt ihren Namen aufgrund der großen Menge Mamor, die hier verarbeitet wurde. Ursprünglich sollte die gesamte Kirche aus Marmor bestehen, aber wegen der hohen Kosten wurde der Bau 1894 letztlich doch mit Kalkstein beendet. Von der Kuppel aus hat man einen herrlichen Ausblick über die Stadt.
frederiksgade 4, www.marmorkirken.dk, telefon 33150144, geöffnet mo-di, do & sa 10.00-17.00, mi 10.00-18.30, fr & so 12.00-17.00, messe sonn- und feiertage 10.30, kuppel 15. juni-31. aug. täglich 13.00 & 15.00, 1. sept.-14. juni sa-so 13.00 & 15.00, eintritt kirche frei, kuppel 25 kr, u-bahn kongens nytorv

(27) Die **Alexander Nevskij Kirke** ist eine russisch-orthodoxe Kirche aus dem Jahr 1883, ein Geschenk von Zar Alexander III. aus Anlass seiner Hochzeit mit einer dänischen Prinzessin. In der Kirche gibt es verschiedene Ikonen und religiöse Gemälde zu bewundern. Wer Wunder mag: Die Ikone der Heiligen Jungfrau soll echte Tränen geweint haben.
bredgade 53, www.ruskirko.dk, telefon 33136046, geöffnet di-do 11.30-13.30, sa 10.00-17.00, so 10.00-12.00, u-bahn kongens nytorv

(29) Das **Frihedsmuseet** zeigt, wie der dänische Widerstand im Zweiten Weltkrieg organisiert war. Die Sammlung besteht überwiegend aus Fotos und Gegenständen, zum Beispiel selbst gebauten Maschinengewehren der Widerstandskämpfer.
churchillparken 7, www.frihedsmuseet.dk, telefon 33473921, geöffnet di-so 10.00-17.00, 24./25. & 31. dez. geschlossen, eintritt frei, bus 1a, 15, 25 esplanaden

(30) Der bronzene **Gefion-Springbrunnen** mit seinen vier Ochsen und der Frau erinnert an die Entstehungsgeschichte der Insel Seeland (dän. Sjælland), auf der Kopenhagen liegt. Die Legende besagt, dass die Göttin Gefion auf der Suche nach neuem Land dem mythischen Schwedenkönig Gylfe begegnete. Er versprach ihr so viel Land, wie sie an einem Tag und einer Nacht pflügen könnte. Die Göttin verwandelte daraufhin ihre vier Söhne in starke Ochsen und spannte sie vor den Pflug. Das Land, das sie so bearbeitet hatten, nahm die Göttin und warf es ins Meer. So entstand Seeland! In Schweden dagegen bildete sich ein Loch in der Form Seelands: der heutige Vänersee.
churchillparken, bus 1a, 15, 25 esplanaden

(31) Die **St. Alban's Church** liegt außerhalb der Festung Kastellet. Diese typische anglikanische Kirche aus dem Jahr 1887 wurde für die englische Gemeinde in Kopenhagen errichtet, die noch heute aktiv ist: Jeden Sonntag findet eine englischsprachige Messe statt.
churchillparken 6, www.st-albans.dk, telefon 39627736, geöffnet im sommer mo-fr 10.00-16.00, preis: eintritt frei, bus 1a, 15, 25 esplanaden

(32) Nachdem man über die Brücke Richtung **Kastellet** gegangen ist, betritt man durch ein Tor die Festung aus dem 17. Jahrhundert mit ihren roten Häuschen. König Christian IV. ließ das Kastellet 1626 als Sitz für die Armee erbauen, die Kopenhagen vor Angriffen unter anderem der Schweden schützen sollte. Die Zeit scheint stehengeblieben zu sein, so ruhig ist es hier. In den Häusern wohnen nach wie vor Leute, die beispielsweise als Maler oder Schreiner für die Armee arbeiten.
kastellet, www.kastelletsvenner.dk, telefon 33112233, geöffnet täglich 6.00-22.00, eintritt frei, bus 1a, 15, 25 esplanaden

(33) Bereits seit 1913 schaut die **Kleine Meerjungfrau** verträumt auf das Wasser. Diese Märchenfigur wurde einst von Hans Christian Andersen erfunden und ist das Symbol Dänemarks. Die Bronzeskulptur ist ein Geschenk der Carlsberg-Brauerei an die Stadt Kopenhagen und wurde von dem Bildhauer Edvard Eriksen entworfen. Obwohl sie leicht zu übersehen ist und wenig anstößig wirkt, wurde sie schon mehrere Male enthauptet, verkleidet oder mit Farbe beschmiert.
langelinie, www.mermaidsculpture.dk, bus 26 indiakaj

Essen & Trinken

(2) Von der Terrasse des **Traktørstedet Rosenborg** aus hat man einen großartigen Blick auf das gleichnamige Schloss. Hier gibt es typisch dänische Gerichte, und vor allem Fischliebhaber kommen auf ihre Kosten: Das Fischfilet mit Remouladensauce und der „Hering des Tages" sind köstlich! *øster voldgade 4a, www.traktoerstedetrosenborg.dk, telefon 33157620, geöffnet im sommer täglich 11.00-17.00, im winter di-so 11.00-16.00, preis: vier-gänge-menü 288 kr, u-bahn nørreport*

(5) Im Winter ist die **Big Apple Juicebar** ein echter Geheimtipp. Da die dänischen Winter unangenehm kalt sein können, kann man hier eine wärmende Pause mit Kaffee und Kuchen oder einer Suppe einlegen. *kronprinsessegade 2, telefon 29297575, geöffnet täglich 8.00-18.00, bus 350s, kongens have*

(6) Im kleinen Kiosk von **Meyers Deli** (nur im Sommer geöffnet) gibt es kleine Snacks und Coffee to go. Außerdem kann man hier ein Picknick (am Tag zuvor) bestellen, um es sich im Kongens Have schmecken zu lassen. *ecke gothersgade-kronprinsessegade, www.meyersdeli.dk, telefon 25107722, geöffnet mo-sa 11.00-16.00, preis: picknick 185 kr, u-bahn nørreport*

(7) **Godt** ist ein romantisches Restaurant mit nur wenigen, auf zwei Etagen verteilten, Sitzplätzen. Ideal für ein Abendessen zu zweit! Das Restaurant ist stolzer Besitzer eines Michelin-Stern, und der Koch bereitet überwiegend äußerst leckere Vier- oder Fünf-Gänge-Menüs zu. *gothersgade 38, www.restaurant-godt.dk, telefon 33152122, geöffnet di-sa 18.00-0.00, preis: vier-gänge-menü 580 kr, u-bahn kongens nytorv*

(9) Für eine Portion Koffein geht man ins angesagte **MJ-Coffee**. Beim Genuss einer Riesen-Tasse Kaffee lässt sich gut beobachten, was draußen so alles passiert. Und wer seinen Laptop dabei hat, kann hier kostenlos per WiFi ins Internet. *gothersgade 26, www.mj-coffee.dk, telefon 33320105, geöffnet mo-fr 7.30-23.00, sa-so 9.30-23.00, preis: kaffee 25 kr, u-bahn kongens nytorv*

㉔ IDA DAVIDSEN

⑫ **Quote** ist Café und Restaurant in einem und hat den ganzen lieben langen Tag geöffnet. Hier gibt es – mit Blick auf Kongens Nytorv – Mittag- und Abendessen, aber auch das Frühstück ist sehr gut. Wie kann man besser einen aufregenden Tag in Kopenhagen beginnen als mit einem leckeren Croissant und einem Cappuccino?
kongens nytorv 8-16, www.cafequote.dk, telefon 33325151, geöffnet mo-mi 8.00-0.00, do 8.00-1.00, fr 8.00-2.00, sa 10.00-2.00, so 11.00-0.00, preis: hauptgericht 198 kr, u-bahn kongens nytorv

(13) Der Name des Restaurants **Zeleste** („himmlisch") umschreibt bereits sehr gut die kulinarischen Highlights, die hier serviert werden: Krebs und frischer Fisch aus der Nordsee sind die Spezialitäten des Hauses, es gibt aber auch Fleischgerichte. Ein Geheintipp ist der überdachte Garten des Restaurants, in dem man gemütlich am Ofen sitzen kann.
store strandstræde 6, www.zeleste.dk, telefon 33160606, geöffnet täglich 10.00-0.00, preis: hauptgericht 190 kr, u-bahn kongens nytorv

(17) Beim Skuespilhuset sollte man sich auf der Terrasse des **Cafes Ofelia** unbedingt ein Gläschen genehmigen! Auf dem Holzsteg aus Eichenholz kann man nämlich ganz hervorragend das gute Wetter genießen, die langsam in den Hafen schippernden Boote beobachten und dabei den spektakulären Blick auf Oper und Christianshavn genießen.
skuespilhuset, sankt annæ plads 36, http://kglteater.dk, telefon 33693931, geöffnet mo-sa 10.00-23.30, preis: drei-gänge-menü 299 kr, u-bahn kongens nytorv

(22) **Taste** ist eine winzige Bäckerei mit einer riesigen Auswahl an köstlichen Torten und Sandwiches. Wer Glück hat, ergattert einen der wenigen Stühle. Falls nicht: Man kann die Leckereien auch gerne mitnehmen und dann im Freien am Waser oder im Park genießen.
store kongensgade 80-82, www.tastedeli.eu, telefon 33937797, geöffnet mo-fr 9.00-18.00 sa-so 10.00-15.00, preis: kaffee 25 kr, sandwich zum mitnehmen 55 kr, zum verzehr vor ort 78 kr

(24) **Ida Davidsen** ist eine absolute Expertin auf dem Gebiet des Smørrebrød. Ihre Familie stellt das dänische Roggenbrot, das meist üppig belegt wird, bereits seit Generationen her. Die Zubereitung des Smørrebrød hat eine lange Tradition und für die Kombinationen, mit denen das Smørrebrød belegt werden darf, gibt es feste Regeln. Doch keine Angst - auch Ihr Favorit ist sicher dabei. Immerhin gibt es bei Ida Davidsen 200 Varianten!
store kongensgade 70, www.idadavidsen.dk, telefon 33913655, geöffnet mo-fr 10.30-17.00, juli geschlossen, preis: smørrebrød ab 50 kr, bus 1a, 15, 25 fredericiagade

(26) **Mormors** bedeutet „Großmutter mütterlicherseits". Dass man - anstatt in einem Restaurant - auch bei Oma zu Besuch sein könnte, diesen Eindruck vermitteln die alten Lehnsessel und altmodischen Tapeten, Lampen und Fotos an der Wand. Ansonsten ist dieser nostalgische Ort eigentlich sehr zeitgemäß: coole Gäste, leckere Sandwiches und hervorragende Smoothies. Es gibt die Säfte und das Mittagessen auch zum Mitnehmen.
bredgade 45, www.mormors.dk, telefon 33160700, geöffnet mo-fr 9.30-16.00, sa 11.30-15.00, preis: sandwich 50 kr, u-bahn kongens nytorv

(28) Bei **Kafferiet** gibt es köstlichen Kaffee aus frisch gerösteten Bohnen. In diesem kleinen Haus wohnte früher die Maitresse des Königs. Und damit niemand von den heimlichen Treffen erfuhr, gab es angeblich von hier aus einen Tunnel zum Palast. Weil es im Kafferiet so eng ist, wird man wahrscheinlich nicht lange bleiben wollen. Aber: Mit einer Tasse Kaffee to go in der Hand ist man in Kopenhagen absolut im Trend.
esplanaden 44, www.kafferiet.net, telefon 33939304, geöffnet mo-fr 7.30-18.00, sa-so 9.30-18.00, preis: kaffee 22 kr, bus 1a, 15, 25 esplanaden

Shoppen

⑧ Bei **Lubarol** bekommt man ausgefallene Damenkleidung, die sonst nur schwer zu finden ist. Der Stil variiert, ist jedoch meist sehr weiblich und modern mit traditionellen Details.
gothersgade 34 , www.lubarol.dk, telefon 33324878, geöffnet mo-fr 11.00-18.00, sa 11.00-16.00, u-bahn kongens nytorv

⑩ **Susanne Juul** ist ausgebildete Hutmacherin und arbeitete früher in der Kostümabteilung des königlichen Theaters. Heute entwirft und fertigt sie ihre eigenen, traumhaft schönen Hüte. Sie verwendet ausschließlich die besten Materialien und stellt auf Wunsch auch maßgeschneiderte Exemplare her. Workshops bietet sie ebenfalls an. Hut ab!
store kongensgade 14, www.susannejuul.dk, telefon 33322522, geöffnet di-do 11.00-17.30, fr 11.00-18.00, sa 10.00-14.00, u-bahn kongens nytorv

⑳ **Nyt i Bo** ist dänisch und heißt „neu im Wohnen". Der Name soll aber nicht etwa bedeuten, dass man hier neu auf dem Gebiet wäre. Im Gegenteil: Nyt i Bo ist seit Jahren auf skandinavisches Design spezialisiert und präsentiert eine umfangreiche Kollektion an Möbeln, Teppichen und Lampen.
store kongensgade 88, www.nytibo.dk, telefon 33143314, geöffnet mo-do 10.00-17.00, fr 10.00-19.00, sa 10.00-14.00, bus 1a, 15, 25 fredericiagade

㉑ **Area** ist ein Laden voller Schnickschnack, ausgefallener Spielereien und verrückten Geschenken. Einen bestimmten Stil suchen Sie hier vergeblich, die Inhaberin kauft einfach alles, was sie selbst schön findet.
store kongensgade 73, www.areastore.dk, telefon 33323877, geöffnet mo-do 11.00-18.00, fr 11.00-19.00, sa 10.00-17.00, bus 1a, 15, 25 fredericiagade

㉓ **Jolander** ist ein kleiner Geschenkeladen mit verrückten Schachteln und handgemachten Dingen wie Wolldecken, Kindermode und Girlanden sowie allen möglichen anderen Geschenken. Auch in Jolanders Trödelabteilung finden Sie sicher etwas Schönes als Mitbringsel.
store kongensgade 74, telefon 61716775, geöffnet di-do 12.00-17.30, fr 12.00-18.00, bus 1a, 15, 25 fredericiagade

JOLANDER ㉓

㉕ In der **Bredgade** wechseln sich Kunstgalerien, Antikläden und dänisches
Design ab. In der dänischen Kunstwelt sind die Galerien Christian Dam, Birch,
Nørby und Asbæk führend. Letztere beherbergt auch ein kleines Lunchcafé.
bredgade 3, 6, 10, 14-16, 18, 24, 27, 28, 32, 33, 47, geöffnet di-fr 11.00-17.00,
sa 11.00-15.00, u-bahn kongens nytorv und bus 1a, 15, 25 odd fellow palæet

④ **PICKNICKEN IM PARK**

100% there

(4) Sobald die Sonne scheint, trifft sich halb Kopenhagen in Kongens Have. **Picknicken im Park**, so wie es die Kopenhagener am liebsten tun, macht einfach Spaß. Übrigens: Das Picknick gibt es bei Meyers Deli. Während des Essens können Sie anderen Familien beim Picknicken, Jugendlichen beim Fußballspielen und Büroangestellten beim Entspannen zuschauen. Eine wunderbare Freizeitbeschäftigung!
kongens have, u-bahn nørreport

(15) Es klingt nach einem Cliché und einer Touristenattraktion: Aber sich Kopenhagen vom Wasser aus anzuschauen, ist absolut lohnenswert! Die Stadt ist nämlich tatsächlich von Wasser umringt. Während einer einstündigen **Rundfahrt** erfahren Sie einiges über die Sehenswürdigkeiten wie die Kleine Meerjungfrau, über Nyhavn, die niederländischen Architekten von Christianshavn und die modernen Gebäude wie das Opernhaus und die neue Bibliothek. Es werden verschiedene Touren – auch eine spezielle Architekturstrecke – angeboten und im Sommer kann man zu einer Bootstour mit Live-Jazzmusik in See stechen.
anlegestellen nyhavn (kongens nytorv-seite) und gammel strand, www. canaltours.com, telefon 32963000, geöffnet rundfahrten 12. märz-13. mai & 5. sept.-30. okt. täglich 9.30-17.00, 14. mai-17. juni täglich 9.30-18.00, 18. juni-4. sept. täglich 9.30-20.00 (siehe website), preis: rundfahrt (dauer: etwa 1 std.) 70 kr , u-bahn kongens nytorv , bus 1a

(34) Wer einmal kurz aus der Stadt heraus möchte, der sollte zur **künstlichen Insel Trekroner** aufbrechen. Trekronor wurde 1787 angelegt und diente mit seinem Fort ursprünglich zu Verteidigungszwecken. Rechts neben dem Eingang liegt im ehemaligen Kommandantenhaus ein Café-Restaurant. Im Sommer ist es hier auf der Terrasse einfach herrlich! Und: Es ist einer der wenigen Plätze, an denen man den dänischen Zungenbrecher „Rødgrød med Fløde" bestellen kann, ein Dessertmousse aus roten Früchten mit Sahne.
trekroner, www.trekronerfortet.dk, telefon 38254444, geöffnet ende mai-sept., café täglich 11.00-17.00, preis: mittagessen 60 kr, zwei-gänge-menü 245 kr, 'hop-on hop-off' wasserbus tageskarte 60 kr, boot ab nyhavn, anlegestelle erreichbar mit bus 29

Fredriksstaden &
die kleine Meerjungfrau

SPAZIERGANG 2

Startpunkt ist das Schloss Rosenborg (1), in dem man auch lunchen kann (2). Gehen Sie weiter durch den Schlossgarten des Kongens Have (3) (4) zum Ausgang an der Ecke der Gothersgade und der Kronprinsessegade. Hier bekommt man ein Picknick (5) (6), das man dann im Park essen kann. Gehen Sie in die Gothersgade, um bei Godt schon einmal einen Tisch für den Abend zu reservieren (7). Auch wer Damenmode (8) oder guten Kaffee (9) sucht, ist hier richtig. In der zweiten Straße links befindet sich der Laden einer Hutmacherin (10). Gehen Sie zurück Richtung Kongens Nytorv (11) und essen Sie bei Quote (12) zu Mittag. Setzen Sie dann Ihren Weg Richtung Wasser fort. In einer der Seitengassen gibt es ein gutes Restaurant (13). Schauen Sie sich die bunten Häuser von Nyhavn an (14) und machen Sie eventuell eine Bootsrundfahrt (15). Oder gehen Sie am Ende der Straße weiter Richtung Wasser. Hier liegt links das Skuespilhuset (16) (17). Gehen Sie um das Gebäude herum und setzen Sie den Weg am Wasser fort. Beim großen Brunnen links und am Schloss Amalienborg entlang (18) zur Marmorkirken (19). Wenn Sie um die Kirche herumgehen, gelangen Sie auf die Kongensgade. Shoppen, Kuchen oder Smørrebrød – hier gibt es alles (20) (21) (22) (23) (24). Neben der Kirche geht es zurück zur Bredgade, wo Kunst und Antikes (25) zu finden sind oder eine Alternative zum Smørrebrød (26). Der kleine Hof bei Hausnummer 75 ist sehenswert. Statten Sie anschließend der russisch-orthodoxen Kirche (27) einen Besuch ab. Am Ende der Bredgade gehen Sie rechts und trinken bei Kafferiet (28) einen Kaffee, bevor Sie weiterlaufen. Ein Stückchen weiter steht das Frihedsmuseet (29) und dahinter befinden sich der Gefion-Springbrunnen (30) und die St. Alan´s Church (31). Laufen Sie durch die Gasse zum Kastellet (32). Verlassen Sie die Festung über die Brücke und gehen Sie die Treppe hinauf. Biegen Sie rechts ab Richtung Wasser und besuchen Sie die kleine Meerjungfrau (33). Der Spaziergang endet hier. Wer die von hieraus gut sichtbare Fortinsel Trekroner (34) oder die Inseln Hven und Flakfortet besichtigen möchte, geht zurück zum Nyhavn und fährt mit einem Boot. Gehen Sie entlang des Wassers an der linken Seite zurück zum Gefion-Springbrunnen.

Slotsholmen & Christianshavn

Die Werke von Architekten und Künstlern

Slotsholmen ist das alte Herz Kopenhagens. Das Schloss Christiansborg wurde im 12. Jahrhundert erbaut, als Kopenhagen noch ein Fischerdorf war. Der Handel erblühte schnell, und 1443 wurde Kopenhagen – auf Deutsch "Handelshafen" – zur Hauptstadt Dänemarks ernannt. Gegenwärtig befindet sich in Slotsholmen das politische und wirtschaftliche Zentrum der Stadt. Es gibt aber auch viele Museen wie das Thorvaldsens Museum und das Nationalmuseet. Am Wasser liegt eines der architektonischen Highlights: der Anbau der königlichen Bibliothek, Den Sorte Diamant (der schwarze Diamant).

Gegenüber dem Hafen und auf der anderen Seite der Brücke Knippelbro liegt das Künstlerviertel Christianshavn. Fachwerkhäuser, farbenfrohe Fassaden, kleine Häfen und schmale Straßen verleihen dem Viertel einen ganz besonderen Charme. Hier liegen auch die Universitäten für Kunst, Musik und Architektur. Die Häuser sind in viele kleine Wohnungen unterteilt, und auf der Straße trifft man jede Menge junge Leute.

Legend:
- 🟢 = Sehenswürdigkeiten
- 🟠 = Essen & Trinken
- 🔵 = Shoppen
- 🔴 = 100 % there

3

Zwischen dem Studentenviertel und der modernen Insel Holmen liegt Christiania. Diese Gegend hat eine ganz besondere Vergangenheit: 1971 wurden einige der leer stehenden Baracken besetzt. Aber anstatt die Hausbesetzer zu vertreiben, entschied die damalige Regierung, dies als ein "soziales Experiment" zu betrachten. Inzwischen haben die Hausbesetzer ihre eigene Kommune und ihre eigenen Regeln. Und natürlich auch ihre eigenen Ausnahmen, denn Marihuana wird hier in aller Öffentlichkeit verkauft und geraucht, obwohl dies eigentlich schon seit 2004 nicht mehr erlaubt ist.

Die ehemalige Armeeinsel Holmen bekam im Jahr 2000 ein völlig neues Gesicht. Die dänische Armee hatte nämlich den Rückzug von der Insel beschlossen und hinterließ mitten im Zentrum ein großes Areal mit alten Unterkünften und Werkstätten. Die Gebäude wurden daraufhin stilvoll renoviert und heute beheimaten sie Fakultäten, Wohnungen und kleine Unternehmen. Außerdem wurde hier die neue Oper errichtet.

6 Insider-Tipps

Holmen

Tolle Architektur und Kultur genießen.

Halvandet

Im angesagten Strandclub an einem Cocktail nippen.

Dänisches Architekturzentrum

Modernes dänisches Design bewundern.

Christiania

Die Freistadt erkunden und den Tag mit einem Essen abrunden.

Schloss Christiansborg

Die königlichen Ställe und Empfangssäle besichtigen.

Bibliotheksgarten

Dem hektischen Stadtleben entfliehen.

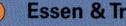

● Sehenswürdigkeiten   ● Essen & Trinken
● Shoppen   ● 100 % there

Sehenswürdigkeiten

(2) Im **Nationalmuseet** erfahren Sie alles über dänische Geschichte und Kultur. Mit seinen archäologischen Funden und anderen Ausstellungsstücken ermöglicht es eine Reise durch die dänische Historie. Das Museum befindet sich in einem klassischen Herrenhaus aus dem 18. Jahrhundert.
ny vestergade 10, www.nationalmuseet.dk, telefon: 33134411, geöffnet: di-so 10.00-17.00, eintritt: frei, bus: 2a, 15 & 40 nationalmuseet

(3) Das **Thorvaldsens Museum** präsentiert Skulpturen des dänischen Bildhauers Bertel Thorvaldsen (1770–1844) sowie Kunstwerke, die Thorvaldsen zu Lebzeiten sammelte. Die griechische Mythologie war seine wichtigste Inspirationsquelle. Das Museum wurde 1848 fertiggestellt, einige Jahre nach Thorvaldsens Tod. Der Künstler wurde im Garten des Museums beigesetzt.
bertel thorvaldsens plads 2, www.thorvaldsensmuseum.dk, telefon: 33321532, geöffnet: di-so 10.00-17.00, eintritt: 40 kr, mi frei, bus: 1a, 2a, 15 christiansborg

(4) Das neobarocke **Schloss Christiansborg** von Christian VI. ist heute Sitz des dänischen Parlaments, außerdem nutzt die Königin die prächtigen Empfangssäle für offizielle Anlässe. Die Säle sind über den Eingang im Turm zugänglich, und unter dem Schloss sind die Ruinen des ehemaligen Palastes zu besichtigen. Interessierte können im Seitenflügel die königlichen Stallungen, das Fahrzeugmuseum und ein kleines Hoftheater besuchen.
prins jørgens gård, telefon: 33926492, geöffnet: mai-sept. täglich 10.00-16.00, okt.-apr. di-so 10.00-16.00, empfangssäle (englischsprachige führung täglich 15.00) und schlossruinen (dänischsprachige führung täglich 14.00); königliche stallungen & kutschenmuseum mai-sept. fr-so 14.00-16.00, okt.-apr. sa-so 14.00-16.00, telefon: 33402676, eintritt: empfangssäle 70 kr, ruinen 40 kr, stallungen 20 kr, bus: 2a, 15 & 40 christiansborg

(5) Nachdem die frühere Palastkirche durch einen Brand zerstört wurde, errichtete man 1926 die heutige **Christiansborg Slotkirke**. Hier finden die Bestattungen von Mitgliedern der königlichen Familie statt.
prins jørgens farm, telefon: 33926300, geöffnet: so 12.00-16.00, juli täglich 12.00-16.00, eintritt: frei, bus: 2a, 15 & 40 christiansborg

(6) Im **Børsen**, einem roten Backsteingebäude mit Kupferdach, befindet sich die dänische Börse. König Christian IV. ließ das prachtvolle, monumentale Bauwerk im Jahr 1618 errichten – im niederländischen Renaissancestil, worauf vor allem die zahlreichen Treppengiebel hindeuten. Gekrönt wird das Gebäude von einem Turm aus vier verschlungenen Drachenschwänzen.
børsen, www.borsbygningen.dk, telefon: 30746000, nicht öffentlich zugänglich, bus: 2a, 15 & 40 christiansborg

(7) Das **Dansk Jødisk Museum** widmet sich voll und ganz der jüdischen Kultur, wobei der Fokus auf der jüdischen Identität sowie den Traditionen liegt. Mit seinen geometrischen Flächen und schrägen Wänden ist das Museum auch architektonisch außergewöhnlich. Der Entwurf stammt vom dänischen Architekten Daniel Libeskind, der auch das neue WTC in New York und das Jüdische Museum in Berlin geplant hat.
proviantpassagen 6, ingang via tuin koninklijke bibliotheek, www.jewmus.dk, telefon: 33112218, geöffnet: juni-aug. di-so 10.00-17.00, sept.-mai di-fr 13.00-16.00, sa-so 12.00-17.00, eintritt: 50 kr, bus: 66 det kongelige bibliotek

(8) Die alte königliche Bibliothek von Kopenhagen aus dem Jahr 1906 ist über eine Brücke mit **Den Sorte Diamant** (der schwarze Diamant) verbunden. Dieser neue Teil der Bibliothek ist wirklich eines der Highlights der modernen dänischen Architektur. Das Gebäude verdankt seinen Namen dem schwarzen Granit, der beim Bau verwendet wurde. Für die Innenausstattung ließen sich die Architekten Schmidt, Hammer und Lassen vom Phänomen des Polarlichts inspirieren. In der Bibliothek gibt es eine kleine Kaffeebar, einen Buchladen und Ausstellungsräume. Im ersten Stock befinden sich der alte und der neue Lesesaal, die über Rolltreppen erreichbar sind. Absolut einen Besuch wert.
søren kierkegaards plads 1, www.kb.dk, telefon: 33474747, geöffnet: mo-fr 10.00-19.00, sa 10.00-17.00, eintritt: frei, bus: 66 det kongelige bibliotek

SCHLOSS CHRISTIANSBORG ④

(11) **OPER**

(10) **Holmen** ist eine Insel, auf der früher die dänische Armee stationiert war. Heute steht dort die neue Oper, und die ehemaligen Armeegebäude haben alle eine neue Verwendung gefunden: Die einstige Kupfergießerei ist heute Universitätsgebäude, und in den Munitionslagern haben sich kleine Betriebe angesiedelt. Die Torpedohalle wurde in einen Luxusappartementkomplex umgebaut mit eigener Anlegestelle für Kanus anstatt der Torpedoboote aus Armeezeiten. Auf der Insel befinden sich unter anderem auch die Musik- und Architekturfakultät. Es lohnt sich, die Ausstellungen sowie die Architektur-Bibliothek zu besuchen oder den Übungsstunden der Musikstudenten zu lauschen. Im Sommer lädt die Wiese neben der Oper zu einer Pause ein. Herrlich, um die Sonne und das bunte Treiben auf dem Wasser zu genießen. *wasserbus oder bus: 66*

⑪ Der Eigentümer von Skandinaviens größtem Unternehmen, Maersk, schenkte der Königin ein neues **Opernhaus**. Das Gebäude gegenüber vom Königspalast hat ein sehr charakteristisches Dach und ähnelt einer Schiffsbrücke. Damit spielt es auf die Branche des edlen Spenders an: die Container-Reederei. Die Wände im Inneren sind mit Blattgold und die Balkone mit Ahornholz verziert. Hier finden Konzerte, Opern, Ballett sowie Führungen durch das Gebäude statt.

ekvipagemestervej 10, http://kglteater.dk/site/omteateret/scenerne.aspx, telefon: 33696933, geöffnet: lobby täglich 10.00-21.00, an tagen mit aufführungen eingeschränkt, führung (nur dänischsprachig) sa-so, preis: je nach aufführung, tickets beim ticketbüro am kongens nytorv beim kongelig teater, führung 100 kr, bus: 66 operaen, alle wasserbusse: 901, 902, 903

⑫ Am östlichen Ende der Danneskiold Samsøes Alleé liegt das **Militärgelände Holmen**, das einzige Überbleibsel der dänischen Armee in dieser Gegend. Hier können Marineschiffe und ein U-Boot besichtigt werden, und außerdem stehen dort Kanonen, aus denen noch jeden Tag bei Sonnenauf- und -untergang ein Schuss abgefeuert wird.

www.skibepaaholmen.dk

⑭ 1971 ließen sich hier Hausbesetzer in den Militärbaracken nieder. Seitdem hat sich **Christiania** zu einer Kommune mit über 900 Menschen entwickelt. Interessant, wie hier gewohnt und gelebt wird. Viele Künstler verkaufen ihre Arbeiten wie zum Beispiel schmiedeeiserne Zäune und Kunstobjekte, Leder oder Keramikwaren. Der Erfinder des Christiania Bike – des Lastenfahrrads, das aus dem Stadtbild Kopenhagens nicht mehr wegzudenken ist – wohnt zwar inzwischen nicht mehr hier, aber seinen ehemaligen Arbeitsplatz gibt es noch immer, und dort werden nach wie vor Fahrräder hergestellt. Im Restaurant Spiseloppen kann man sehr gut essen. Im Sommer sollte man auf dem Festivalgelände vorbeischauen, denn dort spielen regelmäßig gute Bands (Programm im Internet). Die Freistadt auf eigene Faust zu erkunden ist kein Problem, allerdings gibt es auch Führungen. Aufgepasst: In der Pusherstreet (Drogenhandel) ist das Fotografieren verboten.

haupteingänge prinsessegade, www.christiania.org, durchgehend zugänglich, u-bahn: christianshavn, bus: 66 christiania

(17) Die auffällige **Vor Frelsers Kirke** hat einen Turm mit einer außen laufenden Wendeltreppe und einer goldenen Spitze. Insgesamt sind 400 Stufen zu bewältigen, aber die Aussicht bei klarem Wetter ist einfach großartig. Der Blick reicht über die Stadt hinweg bis Malmö und die Küste entlang weit nach Norden. In der Kirche steht eine wunderschöne Orgel mit 4000 Pfeifen. Hier finden viele Konzerte statt. Sehens- und hörenswert.
sankt annæ gade 29, www.vorfrelserskirke.dk, geöffnet: täglich 11.00-15.30, fr 20.00-23.00 (oft mit konzert), turm apr.-okt., eintritt: turm 30 kr, u-bahn: christianshavn, bus: 2a

(20) Die Gracht **Overgaden neden Vandet** erinnert an die Grachten in den Niederlanden, und das nicht nur, weil dort viele niederländische Boote im Wasser liegen. Die Gegend rund um die Gracht wird oft als "Klein Amsterdam" bezeichnet. Bis zum 16. Jahrhundert war das Gebiet jedoch völlig unbewohnbar, denn hier befanden sich nur Sümpfe. Anfang des 17. Jahrhunderts ließ dann Christian IV. einen Teil der Sümpfe von niederländischen Architekten trockenlegen, sodass sie mit einer Festungsstadt und einem Marinestützpunkt bebaut werden konnten. Die ehemaligen Lagerhäuser und Schiffswerften wurden später zu Appartements und Büroräumen umgebaut.
overgaden neden vandet, u-bahn: christianshavn, wasserbus: knippelsbro

(24) Im **Dänischen Architekturzentrum** (DAC) dreht sich alles um Architektur, Städtebau und Bauwesen. Dänische Architekten sind heute in aller Welt sehr gefragt und erfolgreich. Das Architekturzentrum zeigt Dauer- und Wechselausstellungen, im Buchladen kann man stundenlang stöbern und vom Café aus hat man einen wunderbaren Blick über den Hafen von Kopenhagen.
strandgade 27b, www.dac.dk, telefon: 32571930, geöffnet: mo-so 10.00-17.00, mi 17.00-21.00, eintritt: 40 kr, mi abend frei, zu fuß ab u-bahn: christianshavn oder bus: 66

VOR FRELSERS KIRKE 17

Essen & Trinken

(1) In der Lounge- und Cocktailbar **Cafe Katz** kann man sich wunderbar in die gemütlichen Sofas und Lehnstühle lümmeln und sich der Musik aus den 1990er-Jahren widmen. Dementsprechend ist das Publikum nicht ausschließlich blutjung, sondern eher gemischt.

fredriksholms kanal 1, www.cafe-katz.dk, telefon: 33933387, geöffnet: mo-do 10.00-0.00, fr-sa 10.00-2.00, so 10.00-22.00, preis: hauptgericht 90 kr, bus: 2a, 15 & 40 nationalmuseet

(13) **Halvandet** ist ein Strandclub am Stadtrand, der sogar auf Platz 10 der Hitliste der besten Strandclubs Europas steht. Hier lässt es sich bei einem köstlichen Mojito und fantastischer Aussicht im Strandkorb großartig relaxen.

refshalevej 325, www.halvandet.dk, telefon: 70270296, geöffnet: 20.-30. apr. & 1.-11. sept. täglich 10.00-sonnenuntergang, mai täglich 10.00-22.00, juni-aug. täglich 10.00-24.00, preis: hauptgericht 128 kr, wasserbus: ab nyhavn, bus: 40 & '"hop-on hop-off"-boot: www.canaltours.dk, abfahrt boot ende mai-sept. täglich 10.00-17.30, tagesfahrkarte 40 kr

(16) Die Einwohner von Christiania betreiben das Restaurant **Spiseloppen**. Die sehr abwechslungsreiche Karte wurde gemeinsam erstellt und das Angebot zeigt deutlich, wie multikulturell Christiania ist. Das Restaurant ist nur abends geöffnet, und am Wochenende sollte man rechtzeitig reservieren.

christiania, unweit des ausgangs prinsessegade, www.spiseloppen.dk, telefon: 32579558, geöffnet: di-so 17.00-22.00, preis: ab 125 kr, u-bahn: christianshavn

(18) Im **Cafe Oven Vande** treffen sich sowohl die jungen Einwohner von Christianshavn als auch die älteren – ein bunt gemischtes Publikum. Man wirft einen kurzen Blick in die Zeitung oder trinkt einen Caffè Latte. Im Sommer lockt die Terrasse, von der aus man – hinter einer Sonnenbrille versteckt – wunderbar die im Wasser liegenden Boote, die Touristen und andere relaxte Gäste beobachten kann.

overgaden oven vandet 44, www.cafeovenvande.dk, telefon: 32959602, geöffnet: täglich 10.00-0.00, preis: caesar salad 93 kr, u-bahn: christianshavn

HALVANDET ⑬

⑲ Bei **Lagkagehuset** gibt es schon ganz früh am Morgen duftenden Kaffee, ausgezeichnete Brötchen und köstlichen Kuchen. Die Bäckerei ist sehr beliebt, daher gehören Anstehen und Nummernziehen leider mit dazu. Für diejenigen, die ihren Kaffee vor Ort trinken wollen, gibt es Barhocker. Doch noch schöner ist es, den Kaffee mitzunehmen und draußen auf einer Bank oder am Kai zu trinken.

torvegade 45, www.lagkagehuset.dk, telefon: 32573607, geöffnet: mo-fr 6.00-19.00, sa-so 6.00-18.00, u-bahn: christianshavn

㉒ Die typisch dänische Küche im Restaurant **Kanalen** sollte man unbedingt einmal probiert haben. Das Restaurant liegt idyllisch an einer Gracht, die vom Christianshavns-Kanal zum Hafen fließt. Hat der Wein zum Essen geschmeckt? Im dazugehörigen Weinladen kann man seinen Lieblingswein kaufen und mit nach Hause nehmen.

wilders plads 2, www.restaurant-kanalen.dk, telefon: 32951330, geöffnet: mo-sa 11.30-15.00 & 17.30-22.00, weinladen 9.00-17.00, preis: drei-gänge-menü 360 kr, zu fuß ab u-bahn: christianshavn oder bus: 66

㉓ **Noma** wurde 2010 zum besten Restaurant der Welt gekürt. Wer hier speisen möchte, muss sich allerdings richtig anstrengen, denn nur alle drei Monate können Tische reserviert werden. Und schon nach einem Tag sind die nächsten drei Monate wieder komplett ausgebucht. Wer sein Glück vor Ort versuchen möchte, sollte gegen 12.00 Uhr ins Restaurant gehen und fragen, ob ein Gast abgesagt hat. Leider alles voll? Ein kurzer Blick in das Restaurant lohnt sich dennoch: Das Restaurant ist mit Möbeln dänischer Top-Designer eingerichtet. Auf der Karte stehen vor allem skandinavische Gerichte mit Zutaten aus der Region.

strandgade 93, www.noma.dk, telefon: 32963297, geöffnet: di-sa 12.00-16.00 & 18.30-1.00 (küche bis 22.00), preis: mittagsmenü 1095 kr, u-bahn: christianshavn

㉕ **Luna** ist ein Kneipen-Restaurant mit überwiegend jungen Gästen. Zu essen gibt es köstliche Brötchen und Salate. Ein filmreifer Genuss: Die Dänen kennen den Chef nämlich aus einer TV-Kochsendung.

sankt annæ gade 5, www.cafeluna.dk, telefon: 32542000, geöffnet: täglich 9.30-0.00, preis: burger 90 kr, u-bahn: christianshavn

㉖ Das **Cafe Wilder** serviert ausgezeichnete Pasta und Salate. Die Besitzer möchten anscheinend möglichst viele Menschen gleichzeitig verwöhnen, daher kann es manchmal recht eng werden. Wen das nicht stört, der sollte sich beherzt unter das einheimische Volk mischen.

wildersgade 56, www.cafewilder.dk, telefon: 32547183, geöffnet: mo 9.00-0.00, di-mi 9.00-1.00, do-fr 9.00-2.00, sa 9.30-2.00, so 9.30-0.00, preis: hauptgericht 90 kr, u-bahn: christianshavn

Shoppen

(15) Einige Kommunenmitglieder von Christiania verkaufen in diesem Shop ihre Kleider, Souvenirs, Kunstobjekte und Kreationen. Das **Blå Hus**, das blaue Haus, ist absolut einen Besuch wert. Hier kann man Öfen anschauen und natürlich auch kaufen, die man aus den Harry-Potter-Filmen kennt. Weitere Spezialisierung: Reparatur alter und antiker Möbel.
prinsessegade, telefon: 32953051, geöffnet: mo-fr 10.00-17.00, sa 11.00-15.00, bus: 66, u-bahn: christianshavn

(28) **Inblik** setzt darauf, dass kein Kunde den Laden verlässt, ohne etwas gekauft zu haben. In diesem Geschäft, das in einem Gebäude aus dem 17. Jahrhundert untergebracht ist, fällt es wirklich schwer, all dem Krimskrams und den Geschenkartikeln zu widerstehen. Wie wär's mit einem Kerzenständer für den Kamin, einer Schale für die Oma oder neuen Stiefeln?
torvegade 38, www.inblik.com, telefon: 32576561, geöffnet: mo-do 11.00-17.30, fr 11.00-18.00, sa 11.00-14.00, u-bahn: christianshavn

(29) Für den einen ist es pures Chaos, für den anderen ein Mekka. Tatsache ist, dass es bei **Pang** sehr viel von allem gibt: Kleidung, Schuhe, Lampen, Dosen, Teppiche, Regenjacken, Notizblöcke und vieles mehr. Die kunterbunte Mischung macht auf jeden Fall Spaß und verspricht unbegrenztes Einkaufsvergnügen.
dronningsgade 46, www.pangchristianshavn.dk, telefon: 32966800, geöffnet: mo-do 10.30-17.30, fr 10.30-18.00, sa 10.30-15.00, u-bahn: christianshavn

100 % there

(9) Zwischen der ehemaligen königlichen Bibliothek und Christiansborg versteckt sich eine ruhige, grüne Oase: der **Bibliotheksgarten**. Kaum zu glauben: Der Garten wurde 1920 an einer Stelle angelegt, an der sich früher ein Hafen mit Kriegsschiffen befand. Heute ist es ein sehr friedlicher Ort.
eingang rigsdagsgården, telefon: 33926300, geöffnet: täglich 6.00-22.00, eintritt: frei, bus: 66 det kongelige bibliotek

(21) Slotsholmen und Christianshavn lassen sich auch gut vom Wasser aus erkunden. Beide Stadtteile sind daher Teil der Rundfahrten, die ab Nyhavn angeboten werden. Wer lieber auf eigene Faust in See stechen möchte, der kann im **Christianshavns Bådudlejning og Cafe** ein Ruderboot mieten. Aber unbedingt einen Tag vorher reservieren.
overgaden neden vandet 29, www.baadudlejningen.dk, telefon: 32965353, geöffnet: täglich 9.00-21.30, preis: leihgebühr boot 80 kr/std, ruderboot für 2 stunden inkl. picknick für 2 personen 320 kr, u-bahn: christianshavn

(27) Absolut relaxt ist ein **Picknick am Christianshavns Kanal**. Mit Pizza oder Sushi im Gepäck kann man wunderbar an der Promenade des Kanals sitzen und sich den Magen vollschlagen. Sushis gibt es bei Letz Sushi (*www.letzsushi.dk*) und Pizza bei Tinos (*www.tinos.dk*). Das Wetter spielt nicht mit? In beiden Restaurants, die in der Nähe der Sankt Annægade liegen, kann man auch gut drinnen sitzen.
christianshavns kanal, bus: 66, u-bahn: christianshavn

(30) Südlich von Christianshavn liegt das Viertel Amager mit dem **Amager Strandpark**, einem künstlich angelegten, etwa 2 Kilometer langen Strand entlang der Küste bei Øresund. Man kann im Meer oder in der geschützten "Lagune" schwimmen gehen, sich sonnen oder mit Blick auf die Øresundsbrug und Malmö spazieren gehen. Es gibt auch einen Kanuverleih und eine Tauchschule, und im Sommer sind kleine Kioske und Bars geöffnet. Zudem finden hier in den Sommermonaten viele Festivals statt. Im Festivalkalender und im Internet gibt es ausführliche Informationen.
amager strandvej, www.amager-strand.dk, u-bahn: amager strand oder femøren

Slotsholmen & Christianshavn

Gehen Sie vom Cafe Katz ① aus zu einem der Museen ② ③ oder zum Schloss Christiansborg ④ und der Slotkirke ⑤ auf Slotsholmen. Beim Schloss geradeaus zum Turm von Børsen ⑥. Oder gehen Sie rechts durch das Tor, dann links zum jüdischen Museum ⑦, zur Bibliothek Den Sorte Diamant ⑧ und in den Bibliotheksgarten. Verlassen Sie den Garten auf der anderen Seite und gehen Sie in die Tøjhusgade und dann links Richtung Hafen. Mit dem Wasserbus weiter zur Oper. Bei der Ankunft auf Holmen ⑩ fällt das Operngebäude gleich ins Auge ⑪. Neben dem Eingang führt ein Weg zum ehemaligen Be- und Entladepier. Hinter der hölzernen Brücke gleich links abbiegen – komplett außen herum. Auf der Danneskiold-Samsøes Allé geht es links in Richtung des Militärgeländes auf Holmen ⑫. Noch ein Stück weiter befindet sich ein Strandclub ⑬. Sie können auch an der Musikakademie und den ehemaligen Bootsschuppen entlanglaufen, in denen sich heute kleine Firmen befinden. Auf der anderen Seite des Wassers erkennt man bereits einige Gebäude von Christiania. Sie können komplett außen herumgehen oder den Kanonbadsvej nehmen. Schlendern Sie durch die Torpedohallen – die teuersten Wohnungen Kopenhagens – zum Bohlendachvej. Setzen Sie Ihren Weg, mit dem Wasser zu Ihrer Linken, entlang der roten Holzgebäude und schönen Lagerhäuser fort. Überqueren Sie das Universitätsgelände und biegen Sie rechts ab. Sie verlassen Holmen über die Brücke hinter den Pförtnergebäuden und mit dem Wasser zu Ihrer Rechten. Gehen Sie über die Brobergsgade zwischen den ehemaligen Lagerhäusern durch und erleben Sie Christiania ⑭ ⑮ ⑯. Verlassen Sie Christiania durch den westlichen Ausgang. Links steht die Vor Frelsers Kirke ⑰. Essen Sie etwas am Overgaden neden Vandet ⑱ ⑲ ⑳ oder fahren Sie mit einem Leihboot ㉑. Reservieren Sie bei Kanalen ㉒ einen Tisch. In den Lagerhäusern am Hafen befinden sich das Noma ㉓ und das dänische Zentrum für Architektur ㉔. Auf dem Rückweg zum Christianshanvs Kanal können Sie in der Wildersgade ㉕ ㉖ ein Café besuchen, picknicken ㉗ oder etwas weiter einkaufen ㉘ ㉙. Oder Sie nehmen die U-Bahn zum Amager Strandpark ㉚. Hier können Sie sich in einer Strandbar ausruhen oder eine Veranstaltung besuchen.

CHRISTIANSHAVNS BÅDUDLEJNING OG CAFE ㉑

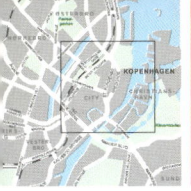

Østerbro & Nørrebro

Natur & multikulti

Die beiden Viertel Østerbro und Nørrebro sind vollkommen unterschiedlich. Østerbro ist schick mit prächtigen Gebäuden und schönen Geschäften in der Østerbrogade. Nørrebro dagegen ist multikulturell mit günstigeren Restaurants und kleinen Läden.

Østerbro präsentiert sich als ruhiges Wohnviertel mit monumentalen Prachtbauten aus dem frühen 20. Jahrhundert, in denen sich zahlreiche Botschaften niedergelassen haben. Hier findet man kleine Boutiquen und gute, gemütliche Restaurants. Den Süden von Østerbro durchzieht ein Spazierweg, der von Joggern und Spaziergängern eifrig genutzt wird. Er ist Teil eines Wanderwegs, der entlang der fünf künstlichen Seen Kopenhagens führt und Østerbro mit Nørrebro verbindet. Eine der schönsten Einkehrmöglichkeiten am Wasser liegt ganz in der Nähe der beeindruckenden Dronning-Louises-Brücke: Kaffesalonen, ein Kaffeehaus mit einer Terrasse am Wasser.

4

Das multikulturelle Viertel Nørrebro, das nordöstlich der Innenstadt liegt, ist voller Kneipen und kleiner Läden. Und immer mehr hübsche Cafés und Restaurants kommen hinzu. Hier ist der Hotspot von Kopenhagen. Viele junge Menschen wohnen in diesem dicht bebauten Stadtteil, in dem einige der Häuser sogar in den Hinterhöfen anderer Gebäude liegen und sich Geschäfte in Innenhöfen und Kellergeschossen angesiedelt haben. In der Einkaufsstraße Ravnsborggade und ringsherum gibt es ein großes Angebot an Mode- und Antiquitätenläden.

Nørrebro ist einer der wenigen multikulturellen Stadtteile Kopenhagens. Und das macht diese Gegend so interessant und abwechslungsreich. Auf den Straßen sieht man Frauen mit Kopftuch oder Burka, aber auch schick gekleidete Leute sowie Studenten. Eine besondere Sehenswürdigkeit ist der historische Friedhof Assistens Kirkegård, auf dem berühmte Dänen ihre letzte Ruhestätte gefunden haben. Geschmackssache: Die Kopenhagener treffen sich hier gerne zum Picknick.

6 Insider-Tipps

Ravnsborggade

Alte Schätze aufspüren.

The Laundromat Cafe

Wäsche waschen und zwischenzeitlich genüsslich zu Mittag essen.

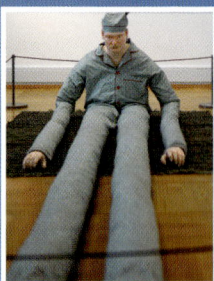

Statens Museum for Kunst

Werke dänischer und internationaler Künstler bestaunen.

Assistens Kirkegård

Zwischen den Gräbern berühmter Dänen picknicken.

Den Franske Cafe

Einen cremigen Chai Latte trinken.

Normann Copenhagen

In einem ehemaligen Kino einkaufen.

● Sehenswürdigkeiten   ● Essen & Trinken
● Shoppen   ● 100 % there

Sehenswürdigkeiten

(1) Das **Statens Museum for Kunst** ist das nationale Kunstmuseum Dänemarks. Das Gebäude stammt aus dem Jahr 1896 und stellt ein Sammelsurium verschiedener Baustile dar. Auch im Inneren herrscht Abwechslung: Neben Werken dänischer Künstler sind Arbeiten von niederländischen, italienischen und französischen Malern ausgestellt, zum Beispiel von Brueghel, Tizian, Poussin und Matisse. Im Museum kann man auch Fachleuten beim Restaurieren und Säubern der Kunstwerke zusehen. *sølvgade 48-50, www.smk.dk, telefon: 33748494, geöffnet: di & do-so ~10.00-17.00, mi 10.00-20.00, preis: eintritt: frei, sonderausstellungen 95 kr, u-bahn: nørreport*

(2) Versteckt im Østre-Anlæg-Park liegt die **Hirschsprungske Samling**, die Gemälde dänischer Künstler aus dem 19. Jahrhundert zeigt. Gesammelt hat sie der Tabakfabrikant Heinrich Hirschsprung nach einem bestimmten Schema: Die Bilder zeigen überwiegend historische Geschehnisse oder Alltagsszenen wie eine Weihnachtsfeier oder eine dänische Landschaft. *stockholmsgade 20, www.hirschsprung.dk, telefon: 35420336, geöffnet: mi-mo 11.00-16.00, preis: eintritt: 50 kr, u-bahn: nørreport*

(26) **Assistens Kirkegård** ist ein alter Friedhof, auf dem viele berühmte Dänen ihre letzte Ruhe gefunden haben. Der Märchenautor Hans Christian Andersen, der Philosoph Søren Kierkegaard und der Physiker Niels Bohr liegen hier be-graben. Viele Kopenhagener schätzen den Assistens Kirkegård aber auch als ruhiges Fleckchen für ein gemütliches Picknick. Vielleicht nicht jedermanns Sache, aber auf jeden Fall ein Erlebnis. *nørrebrogade/kapelvej, www.assistens.dk, telefon: 35371917, geöffnet: mai-aug. 8.00-20.00, sept.-okt. & märz-apr. 8.00-18.00, nov.-febr. 8.00-16.00, preis: eintritt: frei, bus: 5a kapelvej*

Essen & Trinken

④ **Dag H** ist ideal am nördlichsten der fünf Seen Kopenhagens gelegen. Das Café ist vor allem bei jungen Familien aus Østerbro beliebt und eignet sich wunderbar, um gemütlich einen Cappuccino zu trinken. Zwischen 10.00 und 14.00 Uhr wird ein umfangreicher Brunch angeboten.
dag hammarskjölds allé 38, www.dagh.dk, telefon: 35276300, geöffnet: mo-mi 8.00-23.00, do-fr 8.00-0.00, sa 10.00-0.00, so 10.00-22.00, preis: brunch 128 kr, hauptgericht 169 kr, bus: 15 & 40 lille triangel

⑮ Wer gesundes Essen schätzt, geht zu **Emmerys**. Dieser Bäcker verkauft nämlich nur biologische Produkte. Sein Brot enthält weder Hefe noch Sauerteig und ist daher sehr schwer. Eine gute Stärkung für den bevorstehenden Stadtspaziergang. Es gibt hier auch äußerst leckere Sandwiches. Weil man sich jedoch nirgendwo hinsetzen kann, heißt die Devise: mitnehmen und im Freien genießen.
østerbrogade 51, www.emmerys.dk, telefon: 35251210, geöffnet: mo-fr ~7.00-18.00, sa-so 7.00-15.00, preis: sandwich 60 kr, bus: 14 & 15 lille triangel

⑯ **Den Franske Cafe** mit Blick über Kopenhagen ist im Stil eines französischen Cafés eingerichtet. Sehr zu empfehlen ist das Brunchbuffet, das an den Wochenenden angeboten wird. Aber auch ein cremiger Chai ~Latte auf der Terrasse unter den Bäumen ist wirklich nicht zu verachten.
sortedam dossering 101, www.denfranskecafe.dk, telefon: 35424845, geöffnet: mo-fr 9.00-23.00, sa-so 10.00-23.00, preis: brunch 98 kr, hauptgericht 110 kr, bus: 15 & 40 lille triangel

⑰ **Nørrebro Bryghus** ist Brauerei, Restaurant und Pub in einem. Die großen Silos, in denen das Bier gebraut wird, stehen förmlich neben den Restauranttischen. Dieses Brauhaus bietet neben dänischen, belgischen, englischen und amerikanischen Biersorten auch Zigarren an. Zur Orientierung: Unten liegt der Pub, im Obergeschoss das Restaurant.
ryesgade 3, www.noerrebrobryghus.dk, telefon: 35300530, geöffnet: mo-mi 11.00-0.00, do-sa 11.00-2.00, preis: bier 60 kr, bus: 5a ravnsborggade

⑱ DEN FRANSKE CAFE

(20) Eines der angesagtesten Cafés im Stadtteil Nørrebro ist der **Pussy Galore's Flying Circus**. Seltsamer Name? Er stammt aus dem James-~Bond-Film Goldfinger und ist der Titel eines Soundtracks. James Bond hin oder her – dies ist auf jeden Fall eine sehr gute Adresse, um zu Mittag zu essen oder eine Tasse Kaffee zu trinken. Und abends werden leckere Cocktails serviert. Das Café liegt am gemütlichen Sankt Hans Torv, an dem sich auch andere nette Cafés angesiedelt haben.
sankt hans torv 30, www.pussy-galore.dk, telefon: 35376800, geöffnet: so-mi 8.00-0.00, do-sa 9.00-2.00, preis: hauptgericht 110 kr, bus: 3a sankt hans torv

(21) **Sebastopol** ist ein hübsches, klassisches Restaurant mit einer großen Terrasse auf dem Sankt Hans Torv. Hier kann man zu einem vernünftigen Preis sehr gut essen gehen. Die Karte ist französisch angehaucht und das Publikum überwiegend um die 30 Jahre oder älter. Wer einen Studenten-ausweis bei sich hat, wird sich über einen Preisnachlass freuen.
sankt hans torv 32, www.sebastopol.dk, telefon: 35363002, geöffnet: mo-mi 8.00-1.00, do-fr 8.00-2.00, sa 9.00-2.00, so 9.00-1.00, preis: haupt-gericht 130 kr, bus: 3a sankt hans torv

(22) Einst war **Kaffeplantagen** ein Pflanzen- und Blumenladen. Heute ist ~es ein freundlich-helles Café mit entspannter Atmosphäre. Es gibt von frühmorgens bis spätabends verschiedene Kaffee- und Teesorten sowie kleine Gerichte.
sankt hans torv 3, telefon: 35362232, geöffnet: mo-fr 8.00-22.00, sa 9.00-22.00, so 9.00-21.00, preis: kaffee/tee 25 kr, bus: 3a sankt hans torv

(23) In das **The Laundromat Cafe** geht man auf einen Drink – oder um seine Wäsche zu waschen. Es ist nämlich nicht nur ein Café, sondern gleichzeitig ein Waschsalon. Doch auch ohne ihre schmutzige Wäsche tauchen junge Kopenhagener hier gerne auf, um etwas zu essen oder zu trinken. Das Café ist mit roten Sofas und Designerlampen modern eingerichtet.
elmegade 15, www.thelaundromatcafe.com, telefon: 35352672, geöffnet: mo-do 8.00-0.00, fr 8.00-2.00, sa 10.00-2.00, so 10.00-0.00, preis: frühstück 65 kr, mittagessen 90 kr, bus: 3a und 5a elmegade ~

(24) **Tea Time** ist ein kleines Teehaus, in dem eine britische Upperclass-Atmosphäre herrscht. Die Besitzerin ist Innenarchitektin und gestaltete den Innenraum hell, typisch englisch und mit rosa Akzenten, ohne dabei ins Kitschige abzurutschen. Empfehlenswert ist der klassische Afternoontea mit Tee, Scones (englischem Gebäck) und anderen Leckereien.
birkegade 3 kl, www.tea-time.dk, telefon: 35355058, geöffnet: so-do 12.00-18.00, fr-sa 10.00-18.00, preis: afternoontea 135 kr, bus: 3a und 5a elmegade

(28) **Kaffesalonen** ist im Winter ein eher schlichtes Café. Im Sommer sieht das schon ganz anders aus, denn dann ist die großartige Holzterrasse auf dem Wasser geöffnet, auf der man in bequemen Schalensesseln herrlich relaxen kann. Abends werden einfache Gerichte vom Grill serviert.
peblinge dossering 6, www.kaffesalonen.com, telefon: 35351219, geöffnet: mo-fr 8.00-0.00, sa-so 10.00-0.00, preis: hauptgericht 110 kr, bus: 5a ravnsborggåde

PUSSY GALORE'S FLYING CIRCUS 22

Shoppen

(3) **Kontra Coffee** ist mehr als nur ein Geschäft, in dem Kaffee verkauft wird. Hier lernt der Kunde, Kaffee zu lieben. Und er erfährt alles, was man für die Zubereitung einer wirklich guten Tasse Kaffee braucht. Das Personal nimmt sich gerne Zeit für eine ausführliche Beratung. Neben diversen Kaffeesorten werden auch wunderschöne Espressomaschinen verkauft. Für Teeliebhaber gibt es ebenfalls ein großes Angebot.

dag hammarskjölds allé 36, www.kontracoffee.com, telefon: 35255920, geöffnet: mo-fr 12.00-17.30, sa 11.00-15.00, bus: 15 & 40 lille triangel

(5) 'Choose a positive thought' steht im Fenster des **Moshi Moshi Mind**. Dieser Satz verrät bereits, wofür das Geschäft steht: Wellness und Wohlfühlen. Hier werden die unterschiedlichsten Dinge angeboten – von Schönheitsprodukten über wohltuende Tees bis hin zu Kleidung und Yogaartikeln. Moshi Moshi Mind gehört zum Label Moshi Moshi, das in einer nahe gelegenen Filiale auch Schuhe verkauft sowie in Hausnummer 34 Markenkleidung von Filippa K und Månestråle.

dag hammarskjölds allé 40, www.moshimoshi.dk, telefon: 35387078, geöffnet: mo-fr 11.00-18.00, sa 11.00-15.00, bus: 15 & 40 lille triangel

(7) **Hviid** ist ein winziger Laden mit einer auffälligen Wandbemalung. Die Eigentümerin hat aus verschiedenen dänischen Marken eine farbenfrohe Kleiderkollektion zusammengestellt. Werfen Sie unbedingt einen Blick auf ~die Schuhe der dänischen Marke "Up a tree".

østerbrogade 58, telefon: 35380102, geöffnet: mo-fr 10.00-18.00, sa ~10.00-14.00, bus: 15 & 40 lille triangel

(8) **Normann Copenhagen** ist in einem alten Kino aus den 1950er-Jahren untergebracht. Schon das Gebäude ist sehenswert. Da man hier die Crème de la Crème des dänischen Designs findet, muss man mal vorbeischauen.

østerbrogade 70, www.normann-copenhagen.dk, telefon: 35270540, geöffnet: mo-fr 10.00-18.00, sa 10.00-16.00, bus: 14 & 15 triangel

(9) Wer Secondhand-Designerkleidung sucht, ist bei **Ive Lina** genau richtig: keine altmodischen Kleider in verstaubten Kellern, sondern Topmarken wie Chanel, Marc Jacobs, Gucci und Louis Vuitton für wenig Geld.
nordre frihavnsgade 10, http://ivelina.dk, telefon: 35251205, geöffnet: mo-fr 11.00-17.30, sa 10.00-14.00, bus: 14 & 15 triangel

(10) **Pif Paf Puf** lässt mit wundervollem Holzspielzeug nicht nur Kinderherzen höherschlagen. Sie brauchen noch ein Geschenk? Hier werden Sie fündig.
nordre frihavnsgade 23, www.pif-paf-puf.dk, telefon: 35551804, geöffnet: mo-do 10.00-17.30, fr 10.00-18.00, sa 10.00-14.00, bus: 14 & 15 triangel

(11) **Pink** ist ein großes Kaufhaus für Damen- und Kindermode, das seine schönen Kleidungsstücke farblich sortiert. Die dänische Marke Two Danes, ~die nicht überall erhältlich ist, wird hier angeboten. Außerdem gibt es Wohnaccessoires der dänischen Marken Rice und Greengate.
nordre frihavnsgade 26, telefon: 35265696, geöffnet: mo-do 10.00-18.00, ~fr 10.00-19.00, sa 10.00-15.00, bus: 14 & 15 triangel

(12) Wer schönen Schnickschnack oder ein kleines Geschenk sucht, sollte bei **Con Amore** vorbeischauen. Wie wäre es mit Pflastern mit Burberry-Muster oder einem knallbunten Perlenvorhang? Con Amore verkauft aber nicht nur Verrücktes, sondern auch hochwertige Messer von Porsche.
nordre frihavnsgade 50, www.cona.dk, telefon: 20885947, geöffnet: mo-fr 11.00-17.30, sa 11.00-14.00, bus: 14 & 15 triangel

(14) In der alten Badeanstalt des historischen Viertels Brumleby gibt es bei **Rambow** wunderschöne Dinge für Haus, Garten und Küche. Das Angebot umfasst Klassiker von Lloyd Loom sowie Bistrostühle aus Metall, aber auch ganz moderne Designerstücke.
østerbrogade 55a, www.rambow.dk, telefon: 35263007, geöffnet: mo-fr 13.00-17.30, sa 10.00-15.00, bus: 14 gustav adolfs gade

NORMANN COPENHAGEN ⑨

(18) In den zahlreichen **Antikläden der Ravnsborggade** gibt es unglaublich viel zu entdecken. Die kleinen Läden sind oftmals bis obenhin vollgestopft, und man muss sich durch ein wildes Durcheinander kämpfen. Hier wird einfach alles verkauft: ausgestopfte Tiere, Möbel, Silberwaren. Diese Straße verlässt wohl niemand, ohne etwas gekauft zu haben. Wäre ja auch schade ...
ravnsborggade, vereinigung ~der antikhändler), telefon: 35378889 (, geöffnet: di-fr 10.00-17.00, sa 11.00-14.00, bus: 5a ravnsborggade

(19) **Bungalow** ist ein Geschäft voller außergewöhnlicher Schachteln. Darüber hinaus gibt es ein großes Angebot an Decken und Kissen, aber auch die typisch skandinavischen Papierlampen. Sicherlich ist noch ein Plätzchen ~in Ihrem Koffer frei.
ravnsborggade 17, www.bungalow.dk, telefon: 35854065, geöffnet: di-fr 11.00-17.30, sa 11.00-14.00, bus: 5a ravnsborggade

(27) Bei **Mayol** gibt es schöne Dinge für zu Hause wie Services, Kerzenständer und eine Vielzahl netter Dekoartikel. Mayol befindet sich in einem ehemaligen Tabakgeschäft – mit schöner Deckenbemalung.
blågårdsgade 5, www.mayol.dk, telefon: 26360139, geöffnet: mo-do ~12.00-18.00, fr 12.00-19.00, sa 10.00-16.00, bus: 5a ravnsborggade

100% there

(6) Auf den Bänken am Seeufer kann man die Sonne und die Aussicht auf den **Sortedams Sø** genießen. Ideal, um eine Pause einzulegen und Leute ~zu beobachten.

am nördlichen ufer der seen an der østerbrogade, bus: 15 & 40 lille triangel

(13) Das historische Viertel **Brumleby** wurde nach einer Choleraepidemie erbaut, die im 19. Jahrhundert in Kopenhagen wütete. Ziel war es, gesunden und günstigen Wohnraum für die Arbeiterklasse zu schaffen. Brumleby mit seinen gelben Häuschen verströmt auch heute noch einen Hauch der damaligen Arbeiteratmosphäre.

eingang neben rambow, østerbrogade, bus: 1a & 14 gustav adolfs gade

(25) **Empire Bio** wurde bereits mehrmals zum besten Kino der Stadt gekrönt. Und nicht ohne Grund, denn in den gemütlichen Sesseln mit Armlehne und großer Beinfreiheit kann man sehr relaxt Filme schauen. Im Anschluss an ~den Film geht es dann ins angesagte Kinocafé mit der schönen Dachterrasse. Filmreif. Übrigens: Das Gebäude kann auf eine lange Geschichte zurück-blicken, denn um 1900 beherbergte es eine Lokomotivfabrik. Später wurde es zu einem Filmstudio umfunktioniert. Gut zu wissen: In Dänemark werden Filme in Originalsprache mit dänischen Untertiteln gezeigt.

guldbergsgade 29f, www.empirebio.dk, telefon: 35360036, geöffnet: täglich 12.00-22.30, preis: 55-75 kr, bus: 5a kapelvej

Østerbro & Nørrebro

Der Spaziergang startet am Statens Museum for Kunst (1). Noch mehr Kunst gibt es im weißen Gebäude hinter dem Museum, der Hirschprungske Samling (2). Dann über Upsalagade und Lundsgade (erste Straße links) zur Øster Farimagsgadeund von dort anschließend weiter Richtung Lille Triangel. Hier können Sie einkaufen (3) (5) oder bei Dag Het etwas trinken (4). Wenn man die Straße überquert, kann man am See Sortedams Sø eine kurze Pause einlegen (6) oder weiter in die Østerbrogade gehen, um noch mehr zu shoppen (7) (8). Bei Trianglen biegen Sie in die Nordre Frihavnsgade ein. In dieser Straße gibt es weitere Geschäfte. Ein Secondhandladen für Designermode ist auch dabei (9) (10) (11). Bei Con Amore (12) gehen Sie wieder ein Stück zurück zum Victor Borges Plads und in die J. E. Ohlsen Gade hinein. Überqueren Sie die Straße am Ende diagonal. So erreichen Sie das Viertel Brumleby (13). Im ehemaligen Schwimmbad (14) gibt es schöne Dinge für zu Hause. Zurück Richtung Trianglen, bei Emmerys (15) werden leckere Delikatessen verkauft. Weiter Richtung Seen, hier gibt es schöne Terrassen für einen Drink (16). Lust auf einen Spaziergang am See? Auf halber Strecke des zweiten Sees biegen Sie in die Schleppegrellsgade ein und gönnen sich ein Bier bei Nørrebro Bryghus (17). Ein Stück weiter befinden sich ein Antikladen (18) und noch mehr Geschäfte (19). Am Ende der Straße biegen Sie rechts ab und dann die erste Straße wieder rechts. Auf dem Sankt Hans Torv haben viele Terrassen geöffnet (20) (21) (22). Nach der Pause geht es in die Elmegade, um im The Laundromat Cafe (23) Wäsche zu waschen oder einen Happen zu essen. In der Birkedage gibt es guten Tee (24). Ein Stückchen weiter liegt ein Kino (25). Wer darauf keine Lust hat, läuft zum Friedhof Assistens Kirkegård (26). Anschließend geht es zurück zur Nørrebrogade. Die Blågårdsgade ist schon aufgrund des Geschäftes Mayol (27) einen Besuch wert. Beenden Sie Ihre Tour im Kaffesalonen (28) und entspannen Sie sich bei einem Essen auf der Seeterrasse.

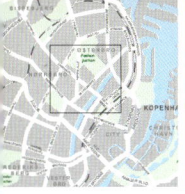

Frederiksberg & Vesterbro

Herrschaftlich, kreativ und beliebt

Obwohl Frederiksberg in der Nähe der Innenstadt liegt, gehört es offiziell nicht zu Kopenhagen. Es hat nämlich eigene Stadtrechte, einen eigenen Bürgermeister und ein eigenes Rathaus. Es ist sogar die fünftgrößte Stadt Dänemarks. Da aber Kopenhagen Frederiksberg komplett umschließt, wirkt es eher wie ein Stadtteil Kopenhagens und nicht wie eine separate Stadt.

Die Atmosphäre in Frederiksberg ist beinahe dörflich, daher wohnen hier auch viele Familien mit Kindern. Es gibt dort aber auch große frei stehende und herrschaftliche Villen, die der Gegend einen besonderen Glanz verleihen. In und unweit der Frederiksberg-Allee sind viele Theater, Cafés und Restaurants angesiedelt. Geschäfte und Boutiquen gibt es vor allem in dem langen Gammel Kongevej. Ebenfalls familienfreundlich: die Gartenanlagen Frederiksberg Have im Herzen von Frederiksberg.

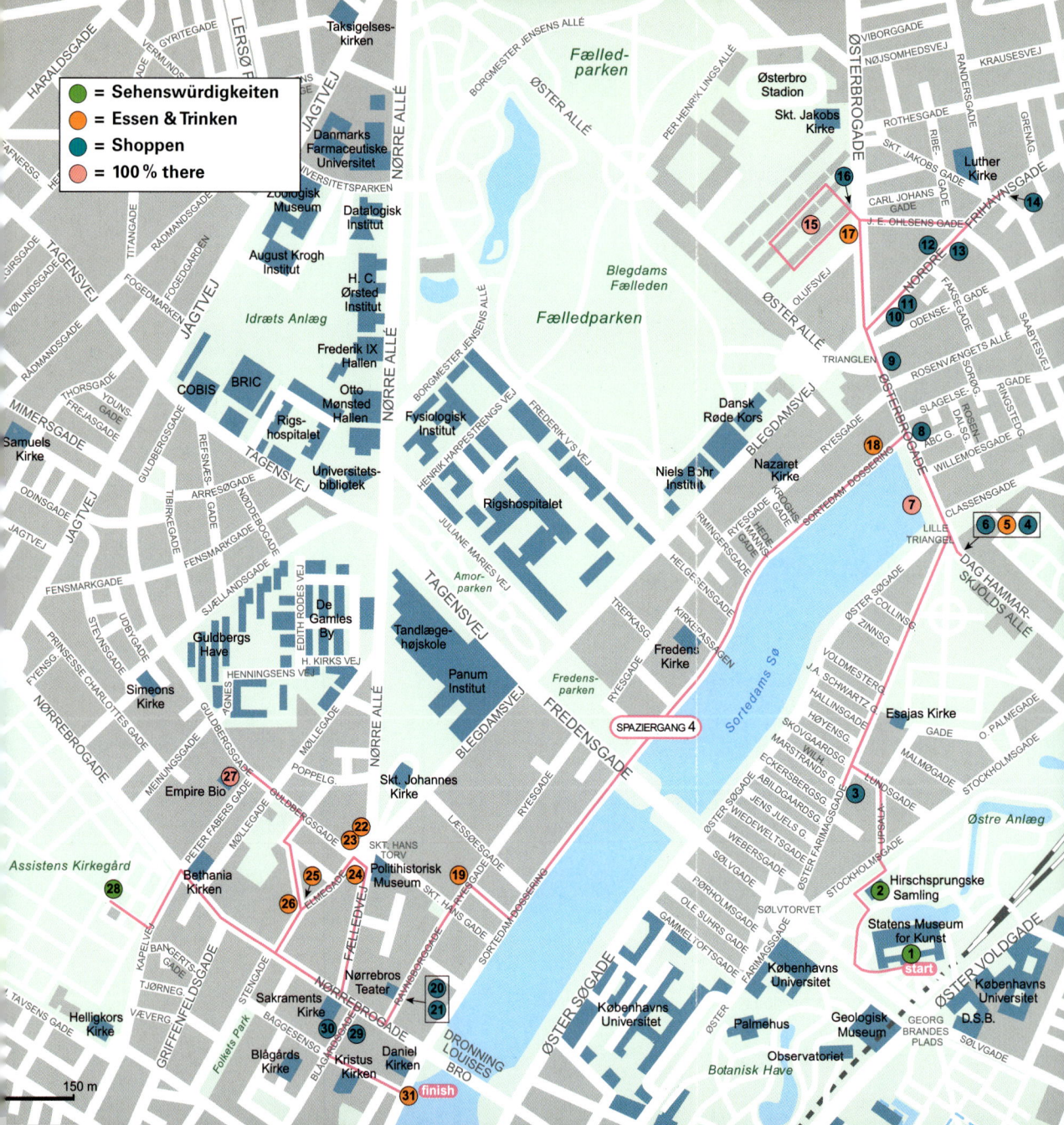

SPAZIERGANG 4

start

finish

= Sehenswürdigkeiten
= Essen & Trinken
= Shoppen
= 100 % there

150 m

5

Einen Kontrast zum grünen, mondänen Frederiksberg bildet das ehemalige Arbeiterviertel Vesterbro. Diese Gegend, die in den letzten Jahren ausgiebig renoviert wurde, zieht viele junge Kreative an: Einige vielversprechende Designer haben hier ihre Shops und viele Künstler ihre Ateliers.

Früher war Vesterbro vor allem für seine Prostituierten bekannt. Wenngleich hinter dem Bahnhof noch immer Sexshops um Kunden werben, hat sich Vesterbro gründlich gewandelt. Auch viele gemütliche Kneipen und Restaurants sowie der bekannteste Nachtclub Kopenhagens – Vega – befinden sich hier. Dass die Renovierung dieses Viertels ein voller Erfolg war, zeigt sich am eindrucksvollsten am Halmtorvet: Auf diesem Platz, auf dem früher Drogenabhängige herumhingen, gibt es heute schöne Cafés und Bars.

Ebenfalls stark verändert hat sich das Schlachterviertel Kødbyen. Früher gab es hier, wie der Name bereits verrät, viele Metzgereien. Und obwohl noch ein kleiner Teil davon übrig geblieben ist, ist Kødbyen heute ein viel besuchtes Ausgehviertel.

6 Insider-Tipps

Kødbyen

Im Schlachthofviertel trinken und tanzen.

Audio Walk Vesterbro

Den Erinnerungen dänischer Autoren aus dem Viertel lauschen.

Lêlê nhà hàng

Cocktails und vietnamesische Leckereien genießen.

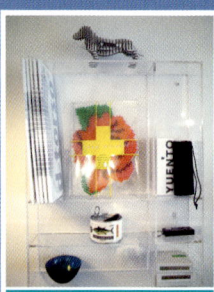

Designdelicatessen

Ein Designerstück für zu Hause mitnehmen.

Cisternerne

Glaskunstwerke und Sandsteinskulpturen bewundern.

Granola

Dänisches Frühstück mit Haferbrei probieren.

- Sehenswürdigkeiten
- Shoppen
- Essen & Trinken
- 100 % there

Sehenswürdigkeiten

(3) Auch wenn die **Eliaskirke** mittelalterlich aussieht, so stammt sie doch aus dem Jahr 1908. Entworfen hat sie der gleiche dänische Architekt, der auch für das Rådhus von Kopenhagen verantwortlich war. Durch die schwere Tür gelangt man in das Innere der Kirche mit den vielen Gängen und Treppen.
vesterbros torv, vesterbrogade 49, www.eliaskirken.dk, telefon: 33247938, geöffnet: täglich 10.00-14.00 und bei besonderen anlässen (chor, konzert, christliche feiertage, messe), bus: 6a & 26 vesterbros torv

(5) Die Modelle und Zeichnungen des **Københavns Bymuseum** berichten von der Entwicklung der Stadt über die Jahrhunderte. Vor dem Eingang des Museums steht ein Modell der Stadt um das Jahr 1520, in dem einige Teile des heutigen Kopenhagen schon erkennbar sind.
vesterbrogade 59, www.copenhagen.dk, telefon: 33210772, geöffnet: täglich 10.00-17.00, eintritt: 20 kr, fr frei, bus: 6a & 26 vesterbros torv

(30) Im **Cisternerne** sind bemalte Glaskunstwerke und Sandsteinskulpturen von dänischen und internationalen Künstlern ausgestellt. Über eine gläserne Pyramide gelangt man in das unterirdische ehemalige Wasserreservoir. Weil kein Tageslicht hereinfällt, herrscht im Museum eine düstere Atmosphäre.
søndermarken, www.cisternerne.dk, telefon: 33219310, geöffnet: febr.-nov. do-fr 14.00-18.00, sa-so 11.00-17.00, eintritt: 50 kr, bus: 6a zoologisk have

(31) Im **Carlsberg Visitors Center** erfährt man alles über die bekannteste Biermarke Dänemarks. Das Besucherzentrum liegt direkt in der Brauerei, in der der alte Jacobsen 1847 sein Unternehmen begann (heute Gamle Carlsberg). Sein Sohn Carl gründete 1882 eine eigene Brauerei: Ny Carlsberg (Neu Carlsberg). Im Besucherzentrum erhält man Informationen über das Familienunternehmen und das Bierbrauen. In den Ställen stehen noch immer Jütland-Pferde, die früher die Bierkarren zogen. Im Verkostungsraum können die unterschiedlichen Carlsberg-Biere probiert werden. Tipp: mit mehreren Leuten möglichst viele verschiedene Biere bestellen – so bekommt man einen umfassenden Eindruck. Wer kein Bier mag, trinkt einfach Limo.
gamle carlsberg vej 11, www.visitcarlsberg.dk, telefon: 33271282, geöffnet: di-so 10.00-17.00, eintritt: 65 kr (inkl. 2 verzehrbons), bus: 18 & 26 kammasvej

Essen & Trinken

(1) **Tante T** ist Teehaus und Laden in einem. Der Klassiker von Tante T ist der "High Tea", bei dem sehr viele unterschiedliche Teesorten sowie selbst gebackener Kuchen serviert werden – ein Gedicht.
viktoriagade 6, http://tante-t.dk, telefon: 32103610, geöffnet: mo-fr 10.00-22.00, sa 10.00-21.00, preis: tasse tee 30 kr, bus: 6a & 26 vesterbros torv

(2) Eis kauft man am besten bei **ParadIS**. Der Eisladen ist allen Kopenhagenern ein Begriff, daher muss man sich bei gutem Wetter erst einmal in die Warteschlange einreihen. Um zu zeigen, wie frisch das Eis ist, hängt ein Schild im Laden, auf dem steht, wann das jeweilige Eis hergestellt wurde. Gut zu wissen: In der Stadt gibt es mehrere Filialen.
vesterbros torv, vesterbrogade 47, telefon: 35357912, geöffnet: mo-fr 13.00-20.00, sa-so 12.00-21.00, preis: ab 20 kr, bus: 6a & 26 vesterbros torv

(4) **Barbar Bar** ist ein gemütliches Café, in dem man hervorragend zu Mittag essen kann. Neben gutem Essen werden hier auch Bilder verkauft, denn das Café ist gleichzeitig eine Galerie. Im Winter ist die heiße Schokolade mit Sahne ein Aufwärmtipp. Im Sommer ist die Terrasse geöffnet.
vesterbrogade 51, http://barbarbar.dk, telefon: 33318889, geöffnet: so-mi 10.00-0.00, do-sa 10.00-2.00, küche schließt um 21.00, preis: mittagessen 74 kr, hauptgericht 95 kr, bus: 6a & 26 vesterbros torv

(7) **LêLê nhà hàng** gibt es in der Vesterbrogade gleich zweimal. Im Restaurant trinkt man, wie es mittlerweile in Kopenhagen Brauch ist, einen teuren, aber hervorragenden Cocktail, bevor man sich zum Essen an den Tisch setzt. Die Küche ist vietnamesisch mit mediterranem Touch. Auch wenn die Hauptgerichte sehr lecker sind, empfiehlt es sich, viele verschiedene Vorspeisen zu nehmen. So kann man all die Köstlichkeiten einmal ausprobieren. Die kleinere Filiale mit der Hausnummer 56 bietet überwiegend Essen zum Mitnehmen an.
vesterbrogade 40 en 56, http://lele-nhahang.com, telefon: 33227135, geöffnet: mo-do 11.30-23.00, fr 11.30-2.00, sa 10.00-2.00, so 10.00-23.00, preis: ab 65 kr, bus: 6a & 26 vesterbros torv

(11) **Cafe Viggo** ist ein fröhliches kleines Café mit Comiczeichnungen an den Wänden. Das Café ist vor allem für seine guten Wildgerichte bekannt. Neben einem ausgezeichneten Abendessen gibt es im Cafe Viggo auch ein sehr feines Mittagessen sowie abwechslungsreiche Getränke.

værnedamsvej 15, www.cafeviggo.dk, telefon: 33311821, geöffnet: mo-mi 10.30-1.00, do-sa 10.30-2.00, so 11.00-18.00 (juli-sept. so geschlossen), preis: hauptgericht 160 kr, bus: 14 & 15 værnedamsvej

(13) Die Küche des **Les Trois Cochons** ist von Südfrankreich inspiriert, und die französischen Köstlichkeiten werden in Drei-Gänge-Menüs angeboten. Die Vor- und Nachspeisen sind vorgegeben, und beim Hauptgericht kann der Gast zwischen Fleisch, Fisch oder einem vegetarischen Gericht wählen. Vorsichtshalber sollte man einen Tisch reservieren.

værnedamsvej 10, www.cofoco.dk, telefon: 33317055, geöffnet: mo-sa 12.00-14.30 & 17.30-0.00, so 17.30-0.00, preis: mittagessen 90 kr, drei-gänge-menü 275 kr, bus: 14 & 15 værnedamsvej

(14) Die Innenausstattung des bekannten Cafés **Granola** ist ganz im Stil der 1930er-Jahre gehalten – mit schönen Details wie Industrielampen aus der Landroverfabrik in England. Warum das Café so beliebt ist? Die Dänen sind echte Leckermäuler, und hier gibt es allerhand Feines wie Eis, Milchshakes, Schokolade und traditionelle Süßigkeiten. Granola ist außerdem bekannt für sein Frühstück mit Haferbrei, das in Dänemark auch gerne von Erwachsenen gegessen wird. Vielleicht mal probieren?

værnedamsvej 5, telefon: 33250080, geöffnet: täglich 7.00-19.00, preis: frühstück 35 kr, eis ab 15 kr, bus: 14 & 15 værnedamsvej

(20) Im **Vinstue 90** wird Bier ohne Kohlensäure gezapft. Da dies ziemlich lange dauert, muss der Durstige schon mal 15 Minuten auf sein Bier warten. Wer es nicht so lange aushält, der kann auch einfach ein ganz normales Bier von der Karte bestellen.

gammel kongevej 90, www.vinstue90.dk, telefon: 33318490, geöffnet: so-mi 11.00-1.00, do-sa 11.00-2.00, preis: kohlensäurefreies bier 42 kr, bus: 14 & 15 værnedamsvej

VINSTUE 90 ⑳

㉑ **Meyers Deli** ist Kaffeehaus und Geschäft in einem, eingerichtet mit viel
Holz im Kolonialstil. Erst muss man etwas bestellen, dann nimmt man an
einem der langen Tische Platz. Im Geschäft werden biologische Produkte –
Marmelade, Essig, Fruchtsäfte und Kaffee – verkauft.
gammel kongevej 107, www.meyersdeli.dk, telefon: 33254595, geöffnet:
täglich 8.30-22.00, preis: mittagessen 87 kr, bus: 14 & 15 h.c. ørstedsvej

(25) Im Restaurant **Kong Gulerod** gibt es am Abend vorzügliche Hamburger. Aber auch zu anderen Tageszeiten ist das Kong Gulerod einen Besuch wert, denn mit etwas Glück erwischt man noch ein Stück von dem ausgezeichneten Möhrenkuchen. Am Wochenende wird ein umfangreiches Brunchbuffet angeboten. Dann ist draußen eine lange Reihe von Kinderwagen (mit Kindern) geparkt, während die Eltern am Schlemmen sind.
gammel kongevej 142, www.cafekonggulerod.dk, telefon: 33233230, geöffnet: so-do 10.00-0.00, fr-sa 10.00-2.00, preis: mittagessen 75 kr, hauptgericht 95 kr, bus: 14 & 15 henrik steffens vej

(32) Das **Cafe Bang & Jensen** ist von frühmorgens bis spätabends voll mit Kopenhagenern. Die Gäste essen ihr Frühstück oder Mittagessen an hohen Bartischen oder schlürfen ihren Kaffee in einem gemütlichen Lehnsessel. Das Cafe Bang & Jensen ist zudem eine angesagte Bar, in der es am Samstagabend tolle Cocktails gibt. Die Wandbemalung über der Theke, die Kräuter pflückende Mädchen zeigt, verrät die ehemalige Funktion des Gebäudes: Es war eine Apotheke.
istedgade 130, www.bangogjensen.dk, telefon: 33255318, geöffnet: mo-fr 8.00-2.00, sa 10.00-2.00, so 10.00-0.00, küche schließt um 22.00, sa 19.30, preis: mittagessen 65 kr, hauptgericht 79 kr, bus: 10 saxogade

(33) Wer etwas trinken möchte, kann eines der vielen **Cafés am Halmtorvet** aufsuchen, zum Beispiel das Carlton, Apropos oder PH Cafeen. Die meisten Cafés bieten später am Tag auch kleine Gerichte an, und im PH Cafeen gibt es häufig Livemusik. Vom Halmtorvet aus kann man an einem der umliegenden Gebäude eine Wandzeichnung mit optischer Täuschung sehen.
halmtorvet 9a, 12, 14 & 18, s-bahn københavns hovedbanegård

(34) Modebewusste junge Kopenhagener trifft man in der **Karrierebar** – Restaurant und Cocktailbar in einem. Die Karrierebar steckt voller Kunstgegenstände und Designerstücke – von den Lampen an der Decke über die geheimnisvollen Toiletten bis hin zur beweglichen Bar. Jeden Donnerstag ist Cocktailabend mit Jazzmusik.
flæsketorvet 57-67, www.karrierebar.com, telefon: 33215509, geöffnet: fr-sa 17.00-4.00, küche schließt um 22.00, preis: hauptgericht 133 kr, s-bahn: københavns hovedbanegård

Shoppen

(8) **Kluns** verkauft sportliche, bequeme Mode, die sich sehen lassen kann. Die Kollektion verrät mit der kraftvollen Farbgebung indische Einflüsse.
gammel kongevej 51, www.kluns.nu, telefon: 33258033, geöffnet: mo-do 10.00-18.00, fr 10.00-19.00, sa 10.00-16.00, bus: 14 & 15 det ny teater

(9) Wer das Geschäft betritt, dem wird schnell klar: Im **Autometer** dreht sich alles um Jeans. Hier werden Restposten von Diesel und Levi´s zur Hälfte des Preises angeboten. Ideal für Leute mit kleinem Budget.
gammel kongevej 47, www.autometer.dk, telefon: 33221469, geöffnet: mo-fr 10.00-18.00, sa 10.00-15.00, bus: 14 & 15 det ny teater

(10) In einem Eckgebäude befindet sich **Madam My**. Hier deckt sich die stilbewusste Kopenhagenerin mit angesagter Mode von mehr oder weniger bekannten Marken ein.
gammel kongevej 85, www.madammy.dk, telefon: 33310113, geöffnet: mo-do 10.00-18.00, fr 10.00-19.00, sa 10.00-15.00, bus: 14 & 15 værnedamsvej

(12) Damen und auch Herren sind bei **Samsøe & Samsøe** willkommen, wo die Kollektion der gleichnamigen Modemarke präsentiert wird. Eine gute Adresse für alle, die coole und dennoch elegante Mode lieben.
værnedamsvej 12, http://samsoe.com, telefon: 35285102, geöffnet: mo-do 10.00-18.00, fr 10.00-19.00, sa 10.00-16.00, bus: 14 & 15 værnedamsvej

(15) **Thiemers Magasin** ist mehr als nur ein schöner Buchladen. Laut eigener Aussage ist die Triobfoder für jegliches Handeln die absolute Liebe zum Buch. Angeboten werden lesenswerte englische, deutsche und dänische Bücher und Zeitschriften. Auch die Einbände von Büchern und Zeitschriften spielen laut der Besitzer eine wichtige Rolle bei der Buchwahl. Die freundlichen Mitarbeiter unterstützen Kunden gern bei ihrer Entscheidung. Ist das gewünschte Buch in Tullinsgade nicht vorrätig, kann man es in der Filiale in der Vesterbrogade versuchen. Manchmal finden im Thiemers Magasin auch thematische Ausstellungen zu Büchern, Zeitschriften und Kunst statt.
tullinsgade 24, www.thiemersmagasin.dk, telefon: 50595100, geöffnet: mo-fr 11.00-17.30, sa 11.00-14.00, bus: 14 & 15 værnedamsvej

(16) **Priip** ist sowohl Geschäft als auch Werkstatt, in der man der Besitzerin und Töpferin bei der Arbeit zusehen kann. Priip verkauft nicht nur hand-gefertigte Töpferwaren, sondern auch schöne Accessoires für die Innen-dekoration. Ihr Zuhause wird sich freuen.
tullinsgade 2, www.priip.dk, telefon: 23702711, geöffnet: di-fr 11.00-17.30, sa 11.00-14.00, bus: 14 & 15 værnedamsvej

(17) **Det Mondæne Skur** ("Die mondäne Hütte") bietet jede Menge Accessoires rund ums Haus. Ein alter Küchenschrank, dessen Farbe bereits abblättert, bekommt hier durch moderne Akzente ein neues Styling.
gammel kongevej 82, www.detmondaeneskur.dk, telefon: 33261012, geöffnet: mo-do 10.00-18.00, fr 10.00-18.30, sa 10.00-14.00, bus: 14 & 15 værnedamsvej

(18) Bei **Berg** gibt es Mode, Taschen, Schuhe und Schmuck en masse. Angeboten werden zahlreiche dänische Marken wie Mads Nergaard und Edith & Ella, aber auch internationale Brands. Wer keinen Platz mehr in seinem Koffer hat oder später bereut, sein Lieblingsstück nicht doch noch gekauft zu haben, muss sich nicht ärgern: Über die Webseite kann man vieles auch online bestellen.
gammel kongevej 87, www.bergshop.dk, telefon: 88190504, geöffnet: mo-do 11.00-18.00, fr 11.00-19.00, sa 10.00-15.00, bus: 14 & 15 værnedamsvej

(19) Eigentümerin Rikke nutzt die Suche nach schönen Vintage-Kleidern als Entschuldigung dafür, regelmäßig nach Los Angeles zu reisen. Dort kauft sie nämlich die meisten Kleider, die es bei **Von Qualen** gibt. Passt das Kleid nicht hundertprozentig? Kein Problem, Rikke ist selbst Schneiderin und Modedesignerin und passt das Kleid an Ort und Stelle an. Sie verkauft auch ihre selbst entworfenen Kleider sowie Stücke der Marken Minna Parikka und Manoush. Alles muss jedoch im Stil der Vintage-Kleider aus Los Angeles sein.
gammel kongevej 91c, www.vonqualen.dk, telefon: 33222055, geöffnet: mo-do 11.00-17.30, fr 11.00-18.30, sa 11.00-15.00, bus: 14 & 15 værnedamsvej

㉒ **Designdelicatessen** hat großartige Designerstücke aus allen Bereichen im Angebot: Dekorationsgegenstände, Lampen, Geschirr, Uhren und viele weitere wohlgeformte Stücke. Die Besitzerin trägt seit über 15 Jahren ihre Design-Favoriten aus allen Ländern der Welt zusammen, stellt sie in ihrem Laden aus und verkauft sie inzwischen auch sehr erfolgreich über ihren eigenen Webshop.
frederiksberg allé 44, www.designdelicatessen.com, telefon: 33111470, geöffnet: fr 12.00-18.00, sa 11.00-14.00, bus: 26 platanvej

㉓ Köstliche selbst gemachte Schokolade gibt es bei **Frederiksberg Chokolade:** einzelne Pralinen, Petitfours oder abgepackte Schokoladentafeln. Wofür auch immer man sich entscheidet, es ist auf jeden Fall ein Genuss. Die Fenster neben dem Eingang erlauben einen Blick auf die Chocolatiers bei ihrer süßen Arbeit. In den Sommermonaten ist nebenan auch der Eissalon geöffnet, der neben den vielen Schokoladeneissorten auch eine besonders ausgefallene Spezialität anbietet: Biereis.
frederiksberg allé 64, www.frederiksbergchokolade.dk, telefon: 33223635, geöffnet: mo-do 10.00-17.30, fr 10.00-18.00, sa 10.00-14.00 (eiscafé apr.-sept.), bus: 26 platanvej

㉔ Trödelliebhaber sollten auf jeden Fall bei **Stil og Stemning** vorbeischauen. Alles, was es in diesem Geschäft zu kaufen gibt, ist alt, dänisch und eigenhändig restauriert. Das Angebot umfasst alte Services, Bilderrahmen, Gläser und vieles mehr.
nyvej 19, www.stilogstemningfrb.dk, telefon: 23393863, geöffnet: di-fr 12.00-17.30, sa 12.00-14.00, bus: 14 & 15 bülowsvej

㉖ Bei **Fick** gibt es alle möglichen modernen Stühle: Strandkörbe, Stapelstühle, Klappstühle, Hängesessel, Kinderstühle, Barhocker ... also fast alles, was vier Beine hat. Aber auch Lampen sind Teil der Kollektion.
gammel kongevej 148, www.fick-co.com, telefon: 33221657, geöffnet: mo-do 11.00-17.30, fr 11.00-18.00, sa 10.00-15.00, bus: 14 & 15 henrik steffens vej

100 % there

(6) Dänische Autoren lassen ihre Zuhörer mithilfe des **Audio Walk Vesterbro** an ihren ganz persönlichen Erfahrungen mit Vesterbro teilhaben. Diese erzählten Spaziergänge gibt es als Download unter *www.copenhagen.dk/en/ visit/around_town/audio-walks_in_vesterbro*. Wer keine Möglichkeit zum Download hat, kann sich im Bymuseum einen MP3-Player leihen, sofern nicht gerade alle vergriffen sind.

vesterbrogade 59, www.copenhagen.dk, telefon: 33210772, geöffnet: täglich 10.00-16.00, preis: ausleihen eines mp3-players kostenlos (mit personal-ausweis), bus: 6a & 26 vesterbros torv

(27) Hinter dem Rathaus von Frederiksberg findet samstags immer ein kleiner **Flohmarkt** statt. Hier gibt es Antikes und ganz Normales, das beim Aufräumen des Speichers zum Vorschein gekommen ist. Ein schöner Markt, um mal ausgiebig in Secondhandmode, CDs und Geschirr zu stöbern.

smallegade, hinter frederiksberg rådhus, geöffnet: mitte apr.-mitte okt. sa 9.00-15.00, u-bahn: frederiksberg

(28) Der große Park **Frederiksberg Have** ist ein echter Familienpark. Hier kann man herrlich spazieren gehen, picknicken, sich unter Bäumen in den Schatten setzen oder auf dem See eine Runde im Ruderboot drehen. Auf der Spitze eines Hügels liegt Schloss Frederiksberg.

frederiksberg runddel 3e, telefon: 38872481, geöffnet: 7.00 bis sonnen-untergang, bus: 18 & 26 frederiksberg runddel

(29) **København Zoo** ist der Tierpark Kopenhagens und einer der ältesten Zoos Europas. Ein Besuch lohnt sich schon wegen der sehenswerten Zoo-architektur. Das Giraffengehege aus dem Jahr 2002 und das Elefantenhaus von 2008 wurden vom Architekten Norman Foster entworfen. Verpassen Sie auch nicht die Nilpferde. Vom hölzernen Aussichtsturm aus dem Jahr 1905 hat man einen Blick bis zur schwedischen Küste.

roskildevej 32, www.zoo.dk, telefon: 72200200, geöffnet: juni-aug. täglich 9.00-18.00, apr.-mai & sept. mo-fr 9.00-17.00, sa-so 9.00-18.00, okt. täglich 9.00-17.00, nov.-febr. täglich 9.00-16.00, märz mo-fr 9.00-16.00, sa-so 9.00-17.00, eintritt: 140 kr, bus: 6a zoologisk have

③⑤ In **Kødbyen** befanden sich früher alle großen Metzgereien. Der Großteil ist heute nicht mehr in Betrieb, und wie in den Schlachtervierteln anderer Großstädte werden die renovierten Gebäude heute oft kulturell genutzt. In den vergangenen Jahren stieg die Zahl der Restaurants, Galerien und Nachtclubs stark an. *The place to be.*
halmtorvet, www.koedbyen.kk.dk, s-bahn københavns hovedbanegård

Frederiksberg & Vesterbro

Die Tour beginnt mit einem Kuchen in der Viktoriagade (1), einem Eis links in der Vesterbrogade (2), einem Kirchenbesuch (3) oder einem Drink (4). Im Bymuseum (5) erfährt man alles über Kopenhagen und kann sich den Audio Walk Vesterbro (6) anhören. Bestellen Sie an der anderen Seite des Museums einen Tisch im vietnamesischen Restaurant (7) und biegen Sie dann links ab, durch die Bagerstræde, entlang des Ny-Theaters zum Gammel Kongevej. Biegen Sie erneut links ab, um Mode mit indischem Touch (8) oder günstige Jeans zu kaufen (9). Links gelangt man in den Værnedamsvej zum Shoppen oder Einkehren (10) (11) (12) (13) (14). In der Tullingsgade gibt es zwei schöne Geschäfte (15) (16). Anschließend gehen Sie zurück zum Gammel Kongevej (Wohnaccessoires (17)). Setzen Sie Ihre Tour in den Modegeschäften (18) (19) fort und erholen Sie sich dann bei einem Bier im Vinstue 90 (20) oder einem Mittagessen im Meyers Deli (21). Biegen Sie danach links in den Hauchsvej ein, um die prächtigen Häuser in Frederiksberg anzusehen. Dann rechts in die Frederiksberg-Allee (Designerladen (22)). Ein Stückchen weiter befindet sich ein Schokoladengeschäft (23). Rechts über den Nyvej geht es zurück zum Gammel Kongevej. Wer Trödel mag, sollte unterwegs bei Stil og Stemning (24) vorbeischauen. Ein Stück weiter links kommt man bei Kong Gulerod (25), dem König des Möhrenkuchens, vorbei. Anschließend folgen noch einige nette Geschäfte (26). Gehen Sie weiter Richtung Flohmarkt (27). (Wer günstiges Silber oder Porzellan kaufen möchte – siehe Spaziergang 1, Zentrum, 12 – sollte weiter geradeaus gehen und am Søndre Fasanvej links abbiegen.) Nach dem Flohmarkt geht's auf einen Abstecher in den Park (28), den Zoo (29) oder in das Glasmuseum Cisternerne (30) auf der anderen Seite des Roskildevej. Durch den Parkausgang erreichen Sie den Gamle Carlsbergvej mit der alten Bierbrauerei von Carlsberg (31). Gehen Sie zurück durch den Park und dann links in die Frederiksberg-Allee. An der Kreuzung mit der Vesterbrogade biegen Sie rechts in die Oehlenschlægersgade ab. Trinken Sie im Cafe Bang & Jensen (32) etwas oder biegen Sie links ab und laufen Sie über die Skydebanegade zu den Cafés am Halmtorvet (33). Beenden Sie den Tag im beliebten Kødbyen (34) (35).

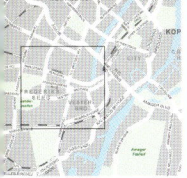

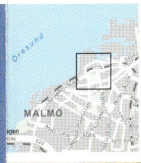

Malmö

Schwedisches Design und moderne Architektur

Seit einiger Zeit ist es ganz einfach, mal schnell von Kopenhagen in die schwedische Stadt Malmö, auf der anderen Seite von Øresund, zu fahren. Der Zug über die Øresundbrücke braucht nur 45 Minuten, und die Dänen mahen davon rege Gebrauch.

Auch wenn die beiden Länder heute freundschaftlich verbunden sind, führten sie in der Vergangenheit viele Kriege. Die Herrschaft über Malmö lag abwechselnd in dänischer oder schwedischer Hand. Malmö wuchs von einem kleinen Dorf zu einer stattlichen Festungsstadt heran, die im rauen Mittelalter eine wichtige strategische Rolle spielte.

Diese Zeit liegt lange zurück, aber Malmö wächst noch immer. Seit der Brückenanbindung an Dänemark zogen viele Kopenhagener nach Malmö, was die Stadt zur Errichtung von Neubausiedlungen veranlasste, von denen das Öko-Viertel Västra Hamnen ein gutes Beispiel ist.

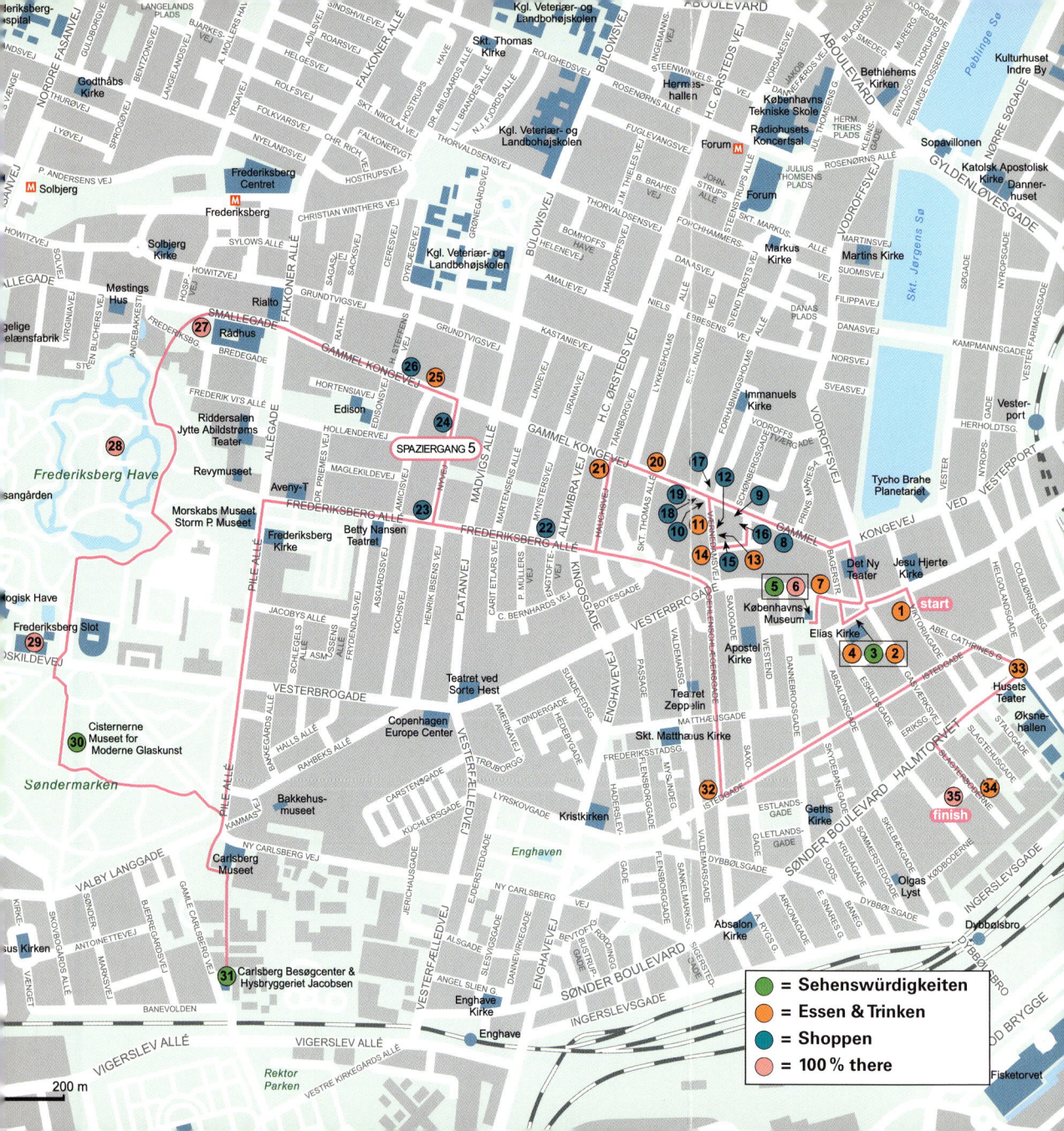

Nicht nur Dänen, auch Schweden sind im Bereich Architektur und Design
weltweit führend. Die Architektur von Västra Hamnen und Turning Torso
veranschaulicht das sehr gut. Im Form/Design Center können Interessierte
einiges über schwedische Designer erfahren.

Malmö ist aber nicht nur von supermodernen Vierteln geprägt. Gegenden wie
Gamla Väster (Alter Westen), Gebäude wie das Malmöhus und Plätze wie
Lilla Torg erinnern noch an das Mittelalter. Heute ist Malmö eine Multikulti-
Stadt mit 169 verschiedenen Nationalitäten. Das zeigt sich unter anderem im
Viertel Möllvången, wo man Speisen aus aller Herren Länder bekommt.

Malmö lockt auch mit großen Parks. Im Kungsparken und Slottsparken – die
nebeneinander liegen und die Grenze zum alten Stadtzentrum bilden – gibt
es idyllische Kanäle, prächtige Baumriesen und lange Wanderwege. Sobald
es das Wetter zulässt, zieht es die Einwohner Malmös hierher. Geschäfte und
Restaurants dagegen befinden sich hauptsächlich im Zentrum und rund um
den Davidshallstorg.

6 Insider-Tipps

Form/Design Center

Alles über schwedische Designkultur erfahren.

Gammla Väster

Im alten Viertel von Malmö herumspazieren.

Mrs. Brown

Typisch skandinavische Gerichte probieren.

Slottsträdgården

Inmitten von Pflanzen Kaffee trinken.

Fiskehoddorna

Im ältesten schwedischen Fischerhaus Fisch essen.

Västra Hamnen

In dem modernen Viertel die Sonne untergehen sehen.

● **Sehenswürdigkeiten**
● **Shoppen**

● **Essen & Trinken**
● **100% there**

Sehenswürdigkeiten

(1) Die **Sankt Petri Kyrka** ist die Kathedrale von Malmö, erbaut im 12. Jahrhundert. Ursprünglich war sie mit schönen Malereien verziert, doch wurden diese leider bei einer Renovierung im 19. Jahrhundert entfernt. Lediglich die Malereien in der Taufkapelle (links vom Eingang in der Ecke) sind erhalten geblieben. Sehr beeindruckend: Altar und Kanzel.
göran olsgatan 1, www.svenskakyrkan.se/malmo/stpetri , telefon 040 279000, geöffnet täglich 10.00-18.00, preis: eintritt frei , zug centralstationen

(2) Der **Stortorget** bildet schon seit dem 16. Jahrhundert das Zentrum der Stadt. An diesem Platz liegen eine Reihe sehenswerter Gebäude wie das Rådhuset (Rathaus), das ursprünglich im niederländischen Renaissancestil errichtet wurde. Von diesem historischen Gebäude blieb nur der Keller erhalten, der als Gefängnis und Herberge diente. Im 19. Jahrhundert wurde das Rådhuset vollständig umgebaut, aber die Herberge besteht nach wie vor und ist heute eine beliebte Bar. Links vom Rådhuset steht das Gouverneurshaus aus dem 19. Jahrhundert, in dem heute der Distrikt-Gouverneur wohnt. Der Springbrunnen und die Statue auf dem Platz sind ebenfalls sehenswert. Gut zu wissen: Auf dem Stortorget finden viele Events statt und im Winter kann man auf einer Eisbahn wunderbar schlittschulaufen.
stortorget, bus centralstationen

(6) In einem schönen mittelalterlichen Gebäude befindet sich das **Form/ Design Center**. Hier werden rund 20 Wechselausstellungen über die aktuellsten Entwicklungen auf dem Gebiet des schwedischen und skandinavischen Designs gezeigt. Die Dauerausstellung „The beauty of everyday life" präsentiert Höhepunkte schwedischen Designs in den Bereichen Möbel, Textilien, Licht und Kunst. Im Café kann man sich mit kleinen Leckereien verwöhnen.
lilla torg 9, www.formdesigncenter.com, telefon 040 6645150, geöffnet di-mi & fr 11.00-17.00, do 11.00-18.00, sa 11.00-16.00, so 12.00-16.00, preis: eintritt frei, bus centralstationen

㉕ MALMÖ MUSEER

⑦ Nicht weit von der großen Einkaufsstraße entfernt liegt der mittelalterliche **Lilla Torg**. Auf diesem Platz mit seinem kunstvollen Kopfsteinpflaster stehen einige der ältesten Gebäude Malmös. Lilla Torg wurde 1592 als Marktplatz angelegt, und heute gibt es hier - wie auf so vielen Marktplätzen der Welt - schöne Cafés und Restaurants. Sobald die ersten Sonnenstrahlen im Frühjahr hinter den Wolken vorblitzen, öffnen auf dem Platz zahlreiche kleine Terrassen. Im Winter dagegen lädt eine Eisbahn zum Rundendrehen ein.

lilla torg, bus centralstationen

(24) **Fiskehoddorna** ist ein Fischmarkt und gehört zu den Malmö Museer. „Hodda" ist das südschwedische Wort für Hütte und spielt auf die kleinen roten, typisch schwedischen Fischerhütten an. 1956 wurden die Fischerhütten an einem anderen Ort abgerissen und in den Malmö Museer wieder aufgebaut. Inzwischen stehen sie unter Denkmalschutz. Die Hütten und der Fischmarkt werden nach wie vor genutzt, und wer zeitig unterwegs ist, bekommt hier frischen, leckeren Fisch.
banérskajen, geöffnet di-sa 6.30-13.00, bus 32 tekniska museet

(25) Die **Malmö Museer** sind eine Ansammlung verschiedener Museen. Das Malmöhus ist das älteste erhaltene Renaissanceschloss Skandinaviens. Im Laufe der Jahrhunderte hatte es unterschiedliche Funktionen: So wurde es im 16. Jahrhundert als wehrhaftes königliches Herrenhaus erbaut und diente im 18. und 19. Jahrhundert als Gefängnis. Das Teknikens och Sjöfartens Hus, das Kommendanthuset und das Malmö Konstmuseum gehören ebenfalls zu den Malmö Museer, die alle sehr nah beieinander liegen.
malmöhusvägen, www.malmo.se/museer, telefon 040 344400, geöffnet sept.-mai mo-fr 10.00-16.00, sa-so 12.00-16.00, juni-aug. täglich 10.00-16.00, preis: eintritt 40 sek, bus 32 tekniska museet

(26) **Gamla Väster** (Alter Westen) ist ein Viertel, in dem man noch die Atmosphäre des mittelalterlichen Schwedens schnuppern kann. In den bunten Fachwerkhäusern wohnten im 19. Jahrhundert hauptsächlich Handwerker und Arbeiter. Als das Viertel 1970 von Grund auf saniert wurde, stammte der Großteil der Einwohner aus Familien, die bereits seit Generationen in den kleinen Häuschen wohnten. Glücklicherweise blieb der mittelalterliche Charakter von Gamla Väster trotz des Umbaus gewahrt.
gamla väster, bus centralstationen

(29) Der **Turning Torso** aus dem Jahr 2005 steht im ökologischen Viertel Västra Hamnen. Er wurde vom spanischen Architekten Santiago Calatrava entworfen. Der Wohnturm hat 54 Etagen und ist das höchste Gebäude in Skandinavien. Er ist so konstruiert, dass jedes Stockwerk etwas versetzt gebaut ist. Im Sommer ist das Gebäude einige Wochen lang für die Öffentlichkeit zugänglich. Von ganz oben hat man eine großartige Aussicht.
lilla varvsgatan 14, www.turningtorso.se, bus 2 turning torso

Essen & Trinken

(3) Im Restaurant **Mosaik** stehen Gerichte aus dem Mittelmeerraum auf der Karte, und alle Speisen werden wie Tapas serviert. Es gibt eine Auswahl von 70 unterschiedlichen Häppchen. Um satt zu werden, sollte man mit etwa drei Tapas-Portionen pro Person rechnen. Lecker und abwechslungreich!
stortorget 6, www.restaurangmosaik.se, telefon 040 128500, geöffnet mo-do 16.00-0.00, fr 15.00-2.00, sa 13.00-2.00, preis: 55 sek je tapa, bus centralstationen

(8) Die trendy Trattoria **Spot** verwöhnt ihre Gäste mit köstlichem italienischem Essen: Pizza, Ciabatta, Pasta und Salat. Nach dem Essen sollten Sie den Kaffee aus frisch gemahlenen Kaffeebohnen probieren.
stora nygatan 33, www.restaurangspot.se, telefon 040 120203, geöffnet mo-sa 11.00-16.00, preis: nudelgericht 150 sek, bus 1, 2, 4, 5, 7 und 8 gustavadolfstorg

(9) **V.E.S.P.A** ist ebenfalls ein italienisches Restaurant. Wie der Name bereits vermuten lässt, ist man hier dem Vespa-Kult verfallen: An den Wänden hängen überall Fotos des weltberühmten Motorrollers. Es steht sogar eine echte Vespa im Restaurant. Die Karte bietet überwiegend Pizza und Pasta.
kanalgatan 3, www.vespa.nu, telefon 040 127147, geöffnet mo-fr 11.30-22.00, sa-so 13.00-22.00, preis: hauptgericht 110 sek, bus 1, 2, 4, 5, 7 und 8 gustav-adolfstorg

(15) **Cafe Grue** - so heißt ein kleines Café, in dem es äußerst leckeren Cappuccino gibt. Da es leider nur wenige Sitzplätze gibt, ist das Café schnell voll besetzt. Das tut seiner Beliebtheit jedoch keinen Abbruch, denn in dem hellen Raum mit den limettengrünen Wänden und den Schwarz-Weiß-Fotografien von New York an den Wänden ist es einfach supergemütlich.
kärleksgatan 1, www.grue.se, telefon 040 235352, geöffnet mo 10.00-14.00, di-do 10.00-19.00, fr-sa 10.00-18.00, so 10.00-17.00, preis: sandwich 53 sek, cappuccino 25 sek, bus 1, 2, 5, 6, 7 und 8 davidshall

⑲ **MRS. BROWN**

(17) **Lite-off** liegt am Davidshallstorg, einem idyllischen Platz und Treffpunkt der Locals. Im Lite-off zaubern die Küchenchefs Kuchen, Salate, Brötchen und alle Kaffeevarianten, die man sich nur vorstellen kann. Wer einen Kaffee mit Milchschaum bestellt, erhält vom Barista ein echtes Kunstwerk!
davidshallstorg 3, http://liteoff.se, telefon 040 6119502, geöffnet mo-fr 9.00-20.00, sa-so 10.00-18.00, preis: sandwich 58 sek, bus 1, 2, 5, 6, 7 und 8 davidshall

(19) **Mrs. Brown** ist bei den Schweden schwer angesagt. Der Grund: die tolle Atmosphäre, das gute Essen und die trendy Einrichtung. Sowohl drinnen als auch draußen hat man einen phantastischen Blick auf den schönen Davidshallstorg. Auf der Karte stehen Speisen aus Skåne, der Region, in der Malmö liegt, kombiniert mit französischem und italienischem Einfluss.
storgatan 26, www.mrsbrown.nu, telefon 040 972250, geöffnet mo-do 11.30-0.00, fr 11.30-1.00, sa 13.00-1.00, preis: hauptgericht 195 sek, bus 1, 2, 5, 6, 7 und 8 davidshall

(21) **Atmosfär** ist ein Gourmettempel mit schwedischer sowie internationaler Küche. Man sitzt an großen runden Tischen, umgeben von modernem, schwarzem Interieur und genießt kleine Köstlichkeiten oder das äußerst verlockende Mehrgängemenü.
fersens väg 4, www.atmosfar.com, telefon 040 125077, geöffnet mo-sa 17.00-0.00, mittagessen mo-fr 11.30-14.30, preis: mittagessen 95 sek, hauptgericht 110 sek, bus 1 und 4 stadsbiblioteket

(27) **Meet the Bastard!** Dieses Restaurant übt auf echte Fleisch-Fans eine nahezu magische Anziehungskraft aus. Die Karte wechselt täglich und bietet das, was der Koch an frischem Biofleisch gerade ergattert hat. Gern gegessen wird der „Bastard Planka", ein Teller voll mit verschiedenen Fleischhäppchen.
mäster johansgatan 11, www.bastardrestaurant.se, telefon 040 121318, geöffnet di-do 17.00-0.00 und fr-sa 17.00-2.00, preis: hauptgericht 160 kr, bus 5 oder zu fuß ab hauptbahnhof

(28) Das Restaurant **Årstiderna** serviert typisch schwedische Gerichte in hervorragender Qualität. Daher nimmt man auch gerne die etwas höheren Preise in Kauf. Årstiderna liegt in der Nähe des Stortorget. Sowohl für das Mittag- als auch für das Abendessen ein echter Tipp!

frans suellsgatan 3, www.arstiderna.se, telefon 040 230910, geöffnet mo-fr 11.30-0.00, sa 17.00-0.00, preis: mittagessen 135 sek, zu fuß ab hauptbahnhof

(31) Das hervorragende Essen sowie der herrliche Blick auf das Meer und die Øresundbrug machen das **Salt & Brygga** zu einer wahren Toplocation. Ganz im Sinne des Viertels, in dem das Restaurant liegt, wird auch im Salt & Brygga Umweltbewusstsein groß geschrieben. Das Restaurant wurde daher unter Berücksichtigung ökolgischer Gesichtspunkte eingerichtet. In den Speisen werden weitestgehend regionale Produkte verarbeitet und es gibt ein breit gefächertes Angebot an biologischen Bieren und Weinen.

sundspromenaden 7, www.saltobrygga.se, telefon 040 6115940, geöffnet mo-fr 11.30-14.30, di-fr 18.00-21.00, sa 12.30-21.00, preis: hauptgericht 210 sek, bus 2 turning torso

Shoppen

(4) **L ænd l** ist modern und trendy. Die Kollektion umfasst internationale Marken, aber es gibt auch unbekannte schwedische Brands wie Svensson Jeans. Eine einmalige Chance, eine Jeans zu kaufen, die man außerhalb Schwedens nicht bekommt! Antikes schwedisches Mobiliar und Gemälde an den Wänden zieren den tollen Klamotten-Laden.
södergatan 3, www.l-and-i.se, telefon 040 125763, geöffnet mo-do 10.00-18.00, fr 10.00-19.00, sa 10.00-16.00/17.00, so 12.00-16.00, bus centralstationen

(5) Das **Lagerhaus** gehört zu den Geschäften, in denen man der Versuchung, etwas zu kaufen, kaum widerstehen kann. Es gibt nämlich viele originelle Dinge zu relativ günstigen Preisen. Wer gerne Kuchen backt oder Partys schmeißt, findet hier bestimmt etwas: Backformen, Muffinförmchen, Kerzen mit Aufschrift und Vorlagen zur Verzierung von Torten.
södergatan 16, www.lagerhaus.se, telefon 040 122224, geöffnet mo-fr 10.00-19.00, sa 10.00-17.00, so 11.00-17.00, zu fuß ab hauptbahnhof

(10) Auch wenn Sie in Schweden und nicht in den USA sind, empfiehlt sich ein Besuch in **Gray's American Store**. Denn hier findet man reihenweise amerikanische Produkte, die unser Amerika-Feeling beflügeln. Wie wäre es beispielsweise mit einer Dose Mountain Dew für die Pause am Wasser? Schmeckt nämlich richtig erfrischend, diese amerikanische Limonade.
södra vallgatan 3, www.grays.se, telefon 040 303831, geöffnet mo-fr 10.00-18.00, sa 11.00-16.00, bus 1, 2, 4, 5, 7 und 8 gustavadolfstorg

(11) Die Philosophie von **Granit** lautet „back to basic". Daher sind die Produkte auch durch Schlichtheit, Funktionalität und Langlebigkeit gekennzeichnet. Es gibt viele Aufbewahrungsboxen, aber auch Porzellan, Glas, Bad- und Küchenutensilien sowie Gewürze, Textilien und Büroartikel. Wir wäre es also mit Bettwäsche, in denen noch unsere Enkel schlafen können?
södra vallgatan 3, www.granit.com, telefon 040 230046, geöffnet mo-fr 10.00-18.00, sa 10.00-16.00/17.00, so 12.00-16.00, bus 1, 2, 4, 5, 7 und 8 gustavadolfstorg

(12) Der Designerladen **Designtorget** hat sich dem Motto „Jede Woche neue, sorgfältig ausgewählte Entwürfe" verpflichtet. Eine spezielle Jury beurteilt die neuen Produkte, die sowohl von großen Unternehmen stammen, als auch von unbekannten, selbstständigen Designern handgefertigt sind. Hauptsache, die neuen Designerstücke erfüllen einen bestimmten Zweck, sind von hoher Qualität und haben das gewisse Etwas. Interessantes Detail: Es gibt sie nur eine begrenzte Zeit zu kaufen, sodass es bei jedem Besuch etwas Neues zu entdecken gibt. Und man darf natürlich nicht tagelang über den Kauf nachdenken ... Das ideale Geschäft für ausgefallene Geschenke.

södra vallgatan 3, www.designtorget.se, telefon 040 307082, geöffnet mo-fr 10.00-18.00, sa 11.00-16.00/17.00, so 12.00-16.00, bus 1, 2, 4, 5, 7 und 8 gustav-adolfstorg

(13) **Village** bietet eine große Auswahl an Wohnaccessoires, die farblich auf die jeweilige Saison abgestimmt sind. Hier finden Sie schöne Dinge aus Filz, bunt bedruckte Kissen sowie ausgefallene kleine Radios.

södra , www.village.se, telefon 040 170310, geöffnet mo-fr 10.00-18.00, sa 10.00-16.00/17.00, bus 1, 2, 4, 5, 7 und 8 gustavadolfstorg

(16) **Miss Juniversum** ist ein herrlich verrückter Laden, in dem sich die Geschenkartikel stapeln. Alles wird nur in kleiner Auflage eingekauft, sodass das Gekaufte immer etwas ganz Besonderes ist. Im Schnäppchenkorb landet das, was die Besitzerin regelmäßig aus den vollen Regalen ausmistet – unbedingt einen Blick hineinwerfen!

davidshallsgatan 19, www.missjuniversum.se, telefon 040 6114754, geöffnet mo-fr 12.00-18.00, sa 11.00-16.00, bus 1, 2, 5, 6, 7 und 8 davidshall

(18) Im gleichen Gebäude wie das Café Lite-off befindet sich das **Liebling**. In diesem originellen Laden werden Schuhe, Mode und alle möglichen Accessoires für Männer, Frauen und Kinder verkauft. Die Besitzer Li und Dan Jensen entwerfen und produzieren auch eigene Sachen. Es gibt Tapeten, Schneidbrettchen, Taschen und Kissen, die schön bedruckt sind. Wer Beratung in Sachen Einrichtung, Styling oder Farbauswahl braucht, ist hier gut aufgehoben.

davidshallstorg 3, www.byliebling.com, telefon 040 232018, geöffnet mo-fr 11.00-18.00, sa 11.00-16.00, bus 1, 2, 5, 6, 7 und 8 davidshall

⑳ Neben eigenen Entwürfen – häufig mit Batikdruck – verkauft die Eigentümerin von **Gry** auch Mode zum Beispiel von Lolly´s Laundry und Humanoid. Kombiniert mit dem großartigen Schmuck und den originellen Taschen wird Ihr Outfit garantiert ein Hingucker!

storgatan 28, www.gry.se, telefon 040 303700, geöffnet mo-fr 11.00-18.00, sa 11.00-16.00, bus 4 triangeln

㉒ **KUNGSPARKEN**

100% there

(14) Das **Victoria Teatern** ist ein „Picknicktheater". Während der Aufführungen kann man dort nämlich essen und trinken – von der einfachen Pizza bis zu Austern mit Champagner. Viele Veranstaltungen sind auf Schwedisch, aber es finden auch Konzerte internationaler Bands statt. Im Internet oder auf den Plakaten draußen am Theater gibt es umfassende Informationen über das jeweilige Menü und die folgenden Vorstellungen. Tickets sind online oder unter 0046 0771 477070 erhältlich.
förstadsgatan 18, www.victoria.se, geöffnet an den vorstellungstagen ab 19.00, preis: je nach vorstellung, bus 2, haltestelle triangeln

(22) **Kungsparken** (Königspark) war der erste große Park in Malmö. Die Grünanlage ist voller Blumen und seltener Bäume und lädt dank der wunderschönen Wanderwege zum Spazierengehen ein. **Slottsparken** (Schlosspark) wurde ein wenig später angelegt (1900) und ist dicht bewachsen. Es gibt hier einige Seen, an deren Ufer man ganz romantisch eine Pause einlegen kann. Dieser Park ist auch bekannt für seine vielen Skulpturen, die hier und da aus dem Grün auftauchen.
kungsparken/slottsparken, bus 1 und 4 stadsbiblioteket

(23) **Slottsträdgården** ist ein Öko-Garten, der bei den Schweden sehr beliebt ist: Hier kann man Pflanzen und Blumen kaufen, Gartentipps erfragen oder einfach kurz dem hektischen Stadtleben entfliehen. Zum Garten gehört ein Café – Slottsträdgårdens Cafe – in dem es herrlichen Möhrenkuchen gibt.
malmöhusvägen 8, www.slottstradgarden.se, geöffnet im sommer täglich 11.00-17.00, preis: mittagessen 60 sek, bus 1 und 4 stadsbiblioteket

(30) Die Gegend, in der heute das hypermoderne Viertel **Västra Hamnen** liegt, beherbergte früher eine alte Schiffswerft. Heute sieht es hier ganz anders aus: Die verschiedenen Baustile, die zum Einsatz kamen, machen dieses Viertel zu einem architektonischen Highlight. Von hier aus kann man noch einen Abstecher zum Boulevard Sundspromenaden machen, um eine Pause am Wasser einzulegen. Bei gutem Wetter trifft sich hier ganz Malmö.
västra hamnen, bus 2 scaniabadet

Malmö

Den Hauptbahnhof durch Ausgang "Centrum" verlassen und das Wasser überqueren. Nehmen Sie die Bruksgatan und besuchen Sie die Sankt Petri Kyrka
(1). Bestaunen Sie die Gebäude an der Stortorget (2), die schöne Apotheke
und die Passage und reservieren Sie einen Tisch für den Abend im Mosaik (3).
Anschließend geht es in die Södergatan. Hier liegen das L æn d I sowie
weitere Geschäfte (4) (5). Ein Muss ist das Form/Design Center (6) auf dem
Lilla Torg (7). Im Sommer kann man im Freien auf dem Platz sitzen. Zurück zur
Sögergatan, dann auf der Stora Nygatan links abbiegen. An der Ecke ist eine
italienische Trattoria (8) und links geht's Richtung Wasser. Auf dem Weg dorthin
kann man im V.E.S.P.A (9) einkehren. Am Wasser sind schöne Geschäfte (10) (11)
(12). Überqueren Sie das Wasser, zum Shoppen in der Södra Förstadsgatan (13).
Nun links am Victoria Teatern (14) vorbei, an der Kärleksgatan rechts abbiegen
und einen Cappuccino trinken (15). Wenn Sie an der Kreuzung links abbiegen,
laufen Sie am Miss Juniversum vorbei (16). Gleich danach zwei Mal rechts
abbiegen, um den Davidshallstorg zu erreichen, wo Sie im Lite-Off (17) etwas
trinken, bei Liebling (18) alles um sich herum vergessen oder bei Mrs. Brown
etwas essen können (19). Links in die Storgatan (20) biegen, bis zum Fersens
Väg gehen, wo an der Ecke das Restaurant Atmosfär (21) liegt. Geradeaus und
vor dem Wasser links zum Kungsparken (22) und den Slottsträdgården (23), in dem
es ein Café mit großartiger Terrasse gibt. Danach in Richtung Fiskehoddorna
(24). In diesem Teil Malmös befinden sich verschiedene Museen (25). Besuchen
Sie das Malmöhus oder ein Stück weiter den Park. Über die Jakob Nilsgatan
erreichen Sie dann das authentische kleine Viertel Gamla Väster (26) mit dem
netten Restaurant Bastard (27). Vom Stortorget aus über die Frans Suellsgatan
am Kocksa Huset mit dem Restaurant Årstiderna (28) entlang und zurück zum
Hauptbahnhof. Der Zug fährt von hier aus nach Kopenhagen. Es ist jedoch
empfehlenswert, zuerst Bus 2 Richtung Västra Hamnen (30) zu nehmen.
Hier steht der Turning Torso (29), und man kann hier sehr gut essen (31). Bei
gutem Wetter kann man noch durch Västra Hamnen laufen. Setzen Sie sich auf
eine Terrasse und genießen Sie den Sonnenuntergang über Kopenhagen.

Weitere Sehenswürdigkeiten

Wer den Spaziergängen des 100 % Cityguides folgt, wird die schönsten Sehenswürdigkeiten automatisch entdecken. Aber Kopenhagen hat natürlich noch mehr zu bieten. Hier folgen ein paar weitere 100 % Tipps. Einige Ziele sind zu Fuß nur schwer zu erreichen, aber mit öffentlichen Verkehrsmitteln ist das kein Problem. Die Buchstaben finden Sie auf der Übersichtskarte am Anfang des 100 % Cityguides.

Ⓜ Entlang der Ostküste Dänemarks verläuft der **Strandvej** (Strandweg), der in einigen Abschnitten auch Kustvej oder Hellerupvej heißt. Parallel zu diesem Weg fahren das S-tog und weiter im Norden die Bahn. Schnell gelangt man nach Hellerup – Einkaufsmekka und Wohnort vieler reicher Dänen und Ausländer. Hier stehen prachtvolle Gebäude in herrschaftlichen Alleen, und der Besucher wird mit einem Traumblick auf den Øresund belohnt. Weiter Richtung Norden liegen das **Fort Charlottenlund** sowie einige Museen und idyllische Dörfer. Ganz im Norden kann man zu einer Bootsfahrt von Helsingør in Dänemark nach Helsingborg in Schweden aufbrechen.
strandvej

Ⓝ Das Museum für moderne Kunst **Louisiana** – am Strandvej – in Humlebæk zeigt Werke von Picasso, Warhol und Giacometti in einer Dauerausstellung. Es gibt außerdem einen großartigen Skulpturengarten mit meterhohen Statuen und einer wundervollen Aussicht auf das Meer.
gammel strandvej 13, humlebæk, www.louisiana.dk, telefon: 49190719, geöffnet: di-fr 11.00-22.00, sa-so 11.00-18.00, eintritt: 95 kr, bahnhof humlebæk (zug nach helsingør)

Ⓞ Ebenfalls ein Museum für moderne Kunst präsentiert sich in **Arken** in einem Gebäude, das wie ein großes weißes Schiff aussieht. Es liegt unmittelbar am Ishøj-Strand und zeigt Arbeiten skandinavischer Künstler aus der Zeit von 1990 bis heute. Das Museum umfasst rund 400 Werke – von Fotos über Gemälde bis hin zu Installationen und Videokunst.
skovvej 100, ishøj, www.arken.dk, telefon: 43540222, geöffnet: di-so 10.00-17.00, mi bis 21.00, eintritt: 85 kr, zug: nach ishøj, ab da bus: 128 (zug nach køge oder hundige)

SPAZIERGANG 6

Legende:

- ● = Sehenswürdigkeiten
- ● = Essen & Trinken
- ● = Shoppen
- ● = 100 % there

(P) Das prächtige **Schloss Frederiksborg** liegt auf einer Insel inmitten eines Sees in Hillerød. Das Schloss wurde 1620 im französisch-niederländischen Renaissancestil erbaut und ist von einem prachtvollen Barockgarten umgeben. Im Palast kann man ein Museum mit der nationalen Porträtgalerie Dänemarks besuchen, wo man Auge in Auge mit Porträts von bekannten Dänen steht: H. C. Andersen, Karen Blixen (Autorin unter dem Pseudonym Isak Dinesen) sowie der königlichen Familie.

hillerød, www.frederiksborgslot.dk, telefon: 48260439, geöffnet: apr.-okt. täglich 10.00-17.00, nov.-märz täglich 11.00-15.00, eintritt: 60 kr, zug: hillerød, ab da bus: 701 oder 702

(Q) **Schloss Kronborg** liegt an der Küste in Helsingør und ist vor allem Literaturfreunden ein Begriff: Shakespeares Stück *Hamlet* spielt in diesen prächtigen Gemäuern. Das Schloss aus dem Jahr 1639 war früher eine Verteidigungsfestung, heute kann man hier den stattlichen Ballsaal und die unterirdischen Soldatenunterkünfte besichtigen. In der Festung gibt es außerdem ein Handels- und Seefahrtmuseum.

kronborg 2c, helsingør, www.kronborg.dk, telefon: 49213078, geöffnet: mai-sept. täglich 10.30-17.00, okt.-dez. & apr. di-so 11.00-16.00, jan.-märz di-so 11.00-15.00, eintritt: kapelle & keller 30 kr, plus säle 70 kr, plus säle & seefahrtmuseum 95 kr, zug: helsingør, ab da 18 min. zu fuß

(R) Im **Vikingeskibsmuseet** in Roskilde sind fünf restaurierte Wikingerschiffe zu bestaunen, die aus dem Roskildefjord geborgen wurden. Das Museum zeigt sehr eindrucksvoll, wie die Wikinger lebten, woher sie stammten und was aus ihnen wurde. Im Sommer werden Bootsfahrten in einem nach-gebauten Wikingerschiff angeboten.

vindeboder 12, roskilde, http://vikingeskibsmuseet.dk, telefon: 46300200, geöffnet: täglich 10.00-17.00, entritt: mai-sept. 100 kr, okt.-apr. 70 kr, zug: roskilde, ab da bus: 607 oder 852 haltestelle sankt ibs vej (zug nach roskilde, einige andere züge halten auch hier)

Ausgehen

In Kopenhagen genießt man vor allem am Wochenende Livemusik. In den Musikkalendern, die es kostenlos in Cafés gibt, finden Sie eine Übersicht aller Konzerte – allerdings auf Dänisch. Über Events und Festivals können Sie sich im englischsprachigen Magazin *Copenhagen This Week* informieren, das in vielen Geschäften und Cafés ausliegt. Schauen Sie auch auf *www.ctw.dk*.

Viele Hotspots des Nachtlebens – also angesagte Bars und Clubs – liegen im Viertel Nørrebro. Allerdings geht es meist erst ab 22.00 Uhr so richtig los.

Im Folgenden finden Sie eine Auswahl beliebter Locations. Bei den Clubs ist ein Eintrittspreis angegeben, der aber häufig höher liegt, wenn Konzerte stattfinden. Die Buchstaben finden Sie auf der Übersichtskarte vorn im 100 % Cityguide.

(S) Sehr beliebt bei den jungen Kopenhagenern ist der Club **Vega** in Vesterbro. Konzerte werden im großen Konzertsaal Store Vega oder im kleineren Saal Lille Vega gegeben, die Party geht in der Disco Lille Vega oder in der Ideal-Bar ab. Praktisch, denn alles befindet sich unter einem Dach. Vega ist eine Institution in Kopenhagen. Ideal, um mal richtig zu tanzen. Auf der Webseite steht das Konzertprogramm.
enghavevej 40, www.vega.dk, telefon: 33257011, geöffnet: club fr-sa 23.00-5.00, ideal-bar mi 21.00-4.00, do-sa 21.00-5.00, eintritt: club bis 1.00 frei, bar frei, bus 3a & 10 enghaveplads

(T) **Rust** – so heißt ein Nachtclub, in dem überwiegend Hip-Hop und Rock gespielt werden. Jeden Donnerstag, häufig auch freitags und samstags, stehen Livekonzerte von nationalen und internationalen Bands auf dem Programm. Nach den Konzerten sorgen DJs für tolle Partystimmung. Ein angesagter Treffpunkt mit einer etwas speziellen Musikauswahl abseits des Mainstreams.
guldbergsgade 8, www.rust.dk, telefon: 35245200, geöffnet: mi-sa 21.00-5.00, eintritt: nachtclub 60 kr, do 30 kr, bus 3a & 5a elmegade

CLUB MAMBO Ⓤ

Ⓤ Ob Salsa-Profi oder blutiger Anfänger – im **Club Mambo** werden die Hüften geschwungen. Donnerstags, freitags und samstags kommen Neulinge in den Genuss kostenloser Anfängerkurse. So übersteht jeder den Rest des Abends ohne Probleme. Hier treffen sich erfahrene Salsa-Tänzer genauso wie Anfänger, also keine Schwellenangst. Und wer eine Pause braucht, entspannt sich bei einem Cocktail in der Lounge.
vester voldgade 85, www.clubmambo.dk, telefon: 33119766, geöffnet: do 20.00-3.00, fr-sa 21.00-5.00, salsakurs do 20.00, fr-sa 22.00, preis: 50 kr, bus 2a, 5a & 6a rådhuspladsen

(v) Im **Copenhagen JazzHouse** finden Livekonzerte internationaler Jazz-
musiker statt. Nach den Konzerten werden die Stühle beiseite geschoben,
und es wird bis frühmorgens getanzt. Das Publikum ist altersmäßig bunt
gemischt. Gut zu wissen: Während des Copenhagen Jazz Festivals im Juli
ist der Club *the place to be*.

niels hemmingsens gade 10, www.jazzhouse.dk, telefon: 33154700, geöffnet:
konzerte so-do ab 20.00, fr-sa ab 21.00, nachtclub fr-sa 0.00-5.00 (nach
konzert), eintritt: je nach konzert wechselnd, club 65 kr, u-bahn: kongens nytorv

(w) Leckere Cocktails gibt es in der kleinen Cocktailbar **Oak Room**. Die Bar
ist mit grünen Stühlen stylish eingerichtet und bei den Kopenhagenern sehr
beliebt. Daher ist es hier auch immer voll. Bei schönem Wetter kann man im
Freien etwas trinken – wie wär's mit einem Bourbon Peach Smach?

birkegade 10, www.oakroom.dk, telefon: 38603860, geöffnet: di 19.00-0.00,
mi-do 19.00-2.00, fr-sa 19.00-3.00, preis: cocktail 90 kr, bus: 3a & 5a elmegade

(x) Im **Gefährlich** treffen sich hauptsächlich Mittdreißiger. Im Erdgeschoss
liegen die Lounge und eine kleine Tanzfläche, wo am Wochenende DJs Musik
von 1980 bis heute auflegen. Im Obergeschoss gibt es ein Restaurant, das
zwei Gerichte anbietet: eines für Frauen und eines für Männer.

fælledvej 7, www.gefahrlich.dk, telefon: 35241324, geöffnet: di 17.00-1.00,
mi-do 17.00-3.00, fr-sa 17.00-4.30, preis: "hot pot" (tagesgericht) 135 kr,
bus: 5a ravnsborggade

(y) Die Geschichte des **Cafe Kellerdirk** geht bis ins Jahr 1800 zurück. Damals
war es noch ein Theater und Inbegriff für einen gelungenen Abend. Seit den
90er-Jahren ist es ein Kneipen-Restaurant, in dem freitags und samstags
hauptsächlich Coverbands auftreten und Discoabende mit Musik aus den
1980er- und 1990er-Jahren stattfinden. Seit Kurzem kann man am Montag
sein Bein zu Salsaklängen schwingen. Das Cafe Kellerdirk ist auch ein
beliebter Treffpunkt für die Besucher des benachbarten Theaters.

frederiksberg allé 102, www.kellerdirk.dk, telefon: 33252253, geöffnet: mo-do
11.00-20.00, fr-sa 11.00-5.00, so 11.00-18.00, eintritt: fr-sa nach 23.30 80 kr,
bus: 26 frederiksberg runddel

ⓩ Eine sehr gut besuchte Location in Kødbyen ist **Jolene**. Tagsüber gibt
es hier nicht viel zu sehen, doch abends umso mehr. Die besten und be-
kanntesten DJs aus Dänemark und Umgebung legen hier auf.
*flæsketorvet 81-85, www.myspace.com/jolenebar, telefon: 35856960,
geöffnet: di-do 17.00-2.00, fr-sa 17.00-3.00, preis: cocktail 115 kr, s-bahn:
københavns hovedbanegård*

Alphabetischer Index

Thematischer Index

hotels

sehenswürdigkeiten

shoppen

DIE 100% CITYGUIDES.

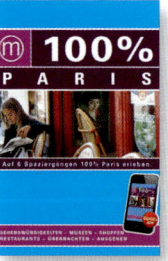

Ausführliche Informationen und aktuelle Tipps zu jedem Ziel finden Sie auch auf unserer Homepage unter **www.100travel.de.**

100%
FLORENZ

Auf 3 Spaziergängen 100% Florenz erleben.

AUSGEHEN - SHOPPEN - ÜBERNACHTEN
SEHENSWÜRDIGKEITEN - MUSEEN - RESTAURANTS

100%
HAMBURG

Auf 6 Spaziergängen 100% Hamburg erleben.

SEHENSWÜRDIGKEITEN - MUSEEN - SHOPPEN
RESTAURANTS - ÜBERNACHTEN - AUSGEHEN

100%
ISTANBUL

Auf 6 Spaziergängen 100% Istanbul erleben.

SEHENSWÜRDIGKEITEN - MUSEEN - SHOPPEN
RESTAURANTS - ÜBERNACHTEN - AUSGEHEN

100%
MAILAND

Auf 6 Spaziergängen 100% Mailand erleben.

AUSGEHEN - SHOPPEN - ÜBERNACHTEN
SEHENSWÜRDIGKEITEN - MUSEEN - RESTAURANTS

100%
MARRAKESCH

Auf 3 Spaziergängen 100% Marrakesch erleben.

AUSGEHEN - SHOPPEN - ÜBERNACHTEN
SEHENSWÜRDIGKEITEN - MUSEEN - RESTAURANTS

100%
MÜNCHEN

Auf 6 Spaziergängen 100% München erleben.

AUSGEHEN - SHOPPEN - ÜBERNACHTEN
SEHENSWÜRDIGKEITEN - MUSEEN - RESTAURANTS

100%
ROM

Auf 6 Spaziergängen 100% Rom erleben.

SEHENSWÜRDIGKEITEN - MUSEEN - SHOPPEN
RESTAURANTS - ÜBERNACHTEN - AUSGEHEN

100%
VALENCIA

Auf 3 Spaziergängen 100% Valencia erleben.

AUSGEHEN - SHOPPEN - ÜBERNACHTEN
SEHENSWÜRDIGKEITEN - MUSEEN - RESTAURANTS

100%
MÜNCHEN

Auf 6 Spaziergängen 100% München erleben.

...EHEN - SHOPPEN - ÜBERNACHTEN
...SWÜRDIGKEITEN - MUSEEN - RESTAURANTS

GUIDE+ APP

Dieser 100 % Cityguide wurde mit größter Sorgfalt zusammengestellt. Mo media ist nicht verantwortlich für eventuelle inhaltliche Fehler. Anmerkungen und/oder Kommentare können unter *www.100travel.de* mitgeteilt oder an die unten stehende Adresse gerichtet werden.

mo media gmbh, betr. 100 % kopenhagen,
steinstraße 15, 10119 berlin,
e-mail info@momedia.com

autor	marieke wijnmaalen
koautoren	carmen burger, annemarie zijlema
fotografie	petra de hamer, duncan de fey,
	fotos halvandet s. 58 & 67: uffekfoto.dk
übersetzung	katja hendrix (für bookwerk)
lektorat	ulrike grafberger
schlussredaktion	caroline kazianka (für bookwerk)
konzeptgestaltung	studio 100%
gestaltung	mastercolors mediafactory,
	hilden design, münchen
kartografie	van oort redactie en kartografie
100 % kopenhagen	isbn 978-39-4350-204-6
	© mo media gmbh, september 2012